इसी मिट्टी से

कुसुमाग्रज की कविताएँ

इसी मिट्टी से

कुसुमाग्रज

सम्पादक

शंकर वैद्य

अनुवाद

चन्द्रकान्त बांदिवडेकर, वसन्त देव, विजया वावदे
लीला बांदिवडेकर और शंकर वैद्य

वाणी प्रकाशन ग्रुप
भारतीय ज्ञानपीठ

वाणी प्रकाशन : भारतीय ज्ञानपीठ की पुस्तकों के एकमात्र प्रकाशक एवं वितरक

राष्ट्रभारती लोकोदय ग्रन्थमाला : ग्रन्थांक 474

सजिल्द पहला संस्करण : 1989
सजिल्द दूसरा संस्करण : 1990
सजिल्द तीसरा संस्करण : 2003
सजिल्द चौथा संस्करण : 2026

वाणी प्रकाशन : भारतीय ज्ञानपीठ की पुस्तकों के एकमात्र प्रकाशक एवं वितरक

वाणी प्रकाशन

4695, 21-ए, दरियागंज, नयी दिल्ली-110 002
दूरभाष : 011-23273167, 23275710
ईमेल : sales@vaniprakashan.in
www.vaniprakashan.com

ISBN : 978-93-5775-722-5

मूल्य : ₹ 400

इसी मिट्टी से

(कविताएँ)

कुसुमाग्रज

ISEE MITTEE SE
(Marathi Poems)
by V.V. Shirwadkar 'Kusumagraj'

आवरण : पुष्पकणा मुखर्जी
कलाकृति : प्रभाकर
मुद्रक : आर. टेक ऑफ़सेट प्रिंटर्स, दिल्ली-110 032

अनुक्रम

निवेदन

कविश्रेष्ठ कुसुमाग्रज की मराठी कविताओं का हिन्दी अनुवाद पाठकों के लिए प्रस्तुत करने में हम हर्ष का अनुभव कर रहे हैं । श्री कुसुमाग्रज की प्रेरणा से भारतीय ज्ञानपीठ द्वारा जब यह कार्य हमें सौंपा गया तब एक धन्यता का भाव हममें अवश्य उत्पन्न हुआ । परंतु यह काम हमारे पास आया, इसका आनंद हम नहीं भोग सके । मन पर कुछ दबाव-सा उत्पन्न हुआ, क्योंकि हमें अच्छी तरह ज्ञात था कि एक भाषा से दूसरी भाषा में कविता का अनुवाद कितना जटिल कार्य होता है । कुसुमाग्रज जैसे कवि की कविता, ज्ञानपीठ जैसा प्रतिष्ठित साहित्यिक प्रतिष्ठान, कुसुमाग्रज के सम्मान का गौरवमय प्रसंग, ये तीनों बातें एकत्र होने का तथा बहुत ही कम समय में अनुवाद पूर्ण करने के भार का हम पर कुछ दबाव-सा आना अटल था । लेकिन इनके बीच से रास्ता निकालते हुए यह काम सम्पन्न हुआ । वैसे यह काम कुछ कष्टकर था अवश्य परंतु कुसुमाग्रज की सुंदर कविता का साथ मन को मिला था । अतः कष्ट से भी बढ़कर काव्यानंद की उपलब्धि का भाग अधिक था । इस समूचे कार्य में डॉ. चंद्रकांत बांदिवडेकर के स्नेह एवं सहयोग का जो लाभ मिला वह अविस्मरणीय है । अनुवाद के बारे में उन्होंने लिखा ही है । अनुवाद करते समय कवि के शब्दों एवं आशय को प्रमुखता देते हुए यह अनुवाद किया गया है । जहां रचना वृत्त में है वहां यथासंभव उस वृत्त का ढंग सुरक्षित रखने का प्रयास किया गया है । कहीं कहीं मराठी का छांदस उच्चारण सुरक्षित रखा गया है तथापि अनुवाद की कुछ सीमाएं अटल होती हैं, इसका एहसास सतत होता रहा । तब भी ये अनुवाद कितने सफल हुए हैं इसका मूल्यांकन पाठक ही करेंगे । लेकिन विश्वास है कि ये कविताएं जो मराठी में मान्यताप्राप्त हैं हिन्दी पाठक पसन्द करेंगे । यह भी यहां कहना उचित होगा कि प्रस्तुत संग्रह की कविताओं का चयन स्वयं कुसुमाग्रज ने किया है । डॉ. चंद्रकांत बांदिवडेकर ने इस अनुवाद के लिए बहुत कष्ट किए । मेरी मराठी प्रस्तावना का सटीक एवं प्रवाहपूर्ण अनुवाद उन्होंने ही किया । इसके लिए मैं डॉ. बांदिवडेकर का आभारी हूं । उसी तरह इस पुस्तक की कुछ कविताओं के अनुवाद प्रो. वसंत देव, प्रो. विजया वावदे तथा प्रो. लीला बांदिवडेकर ने किये हैं । अतः संपादक के नाते मैं उनका आभार मानता हूं । इस संपादन-कार्य में अनुवाद के संबंध में कुछ मौलिक सुझाव श्री बालस्वरूप, राही जी ने भी दिये । मैं उनका मनःपूर्वक आभार मानता हूं । श्री बिशन टंडन जी ने आत्मीयता से सहयोग दिया उनके प्रति भी कृतज्ञता व्यक्त करता हूं ।

—सम्पादक

अनुवादक का मनोगत

मराठी के वरेण्य कवि कुसुमाग्रज की कविता का इतनी प्रचुर मात्रा में अनुवाद करने में मुझे हाथ बंटाना होगा, ऐसा मैंने कभी सोचा नहीं था । अनुवाद सामान्यतः मैं अनिच्छा से और विवशता में ही करता हूं । लेकिन कुसुमाग्रज की कविता का अनुवाद करने में संकोच का कारण अनुवाद संबंधी मेरी अनिच्छा नहीं थी । कुसुमाग्रज की प्रभावपूर्ण और मराठी भाषा के ख़ास वैशिष्ट्यों से सम्पन्न और समृद्ध कविता का अनुवाद लगभग असंभव है, ऐसा ही मन में हमेशा लगता रहा । कुसुमाग्रज की काव्य-भाषा के सूक्ष्म सौंदर्य और एक ख़ास तरह की पृथगात्मता से मैं एक सीमा तक अवगत था । उनकी कविता में छंद, लय, अनुप्रास, प्रतीक, बिंब, शब्दों का सह संयोजन, शब्दों की ध्वनियों से अर्थ की ध्वनियों को सूचित करने की क्षमता, ख़ास मराठी वातावरण के शब्दों का प्रयोग, बोली भाषा के शब्दों का काव्यात्मक उपयोजन इत्यादि का जो सौंदर्य भरा पड़ा है उसे देखते हुए इलियट की इस उक्ति कि 'कविता एक ही भाषा में लिखी जा सकती है,' का सत्य ठोस रूप में प्रमाणित होता है ।

फिर भी अनुवाद का यह कार्य मैंने स्वीकार किया । एक तो मेरे साथ मेरे अभिन्न मित्र प्रो. शंकर वैद्य का सहयोग था । दूसरे मराठी के वैभव को हिन्दी में ले चलने में सहायक होने का विलक्षण हर्ष भी था । शंकर वैद्य मराठी के बहुत अच्छे कवि और समीक्षक हैं । ख़ास कर उनके कविता के सूक्ष्म अध्ययन एवं भाषा पर असाधारण अधिकार का मैं सदैव क़ायल रहा हूं । हम दोनों की लगभग पांच-सात घंटों की तीस बैठकें हुईं और उसकी यह निष्पत्ति सामने है ।

एक अद्‌भुत परिवर्तन मैंने अपने में अनुभव किया । मैं कविता,के अनुवाद को मुश्किल से तैयार होता था । कविता अगर छंद में लिखी हो तो उसके आसपास भी मैं फटकता नहीं था । परंतु अनुवाद-कार्य पूर्ण होते-होते मैंने पाया कि एक विलक्षण आत्मविश्वास मुझ में पैदा हुआ है । यही नहीं, अनुवाद के पहले रूप के बाद उस पर काम करते हुए एक विलक्षण थ्रिल मैंने अनुभव किया । इसका सारा श्रेय प्रो. शंकर वैद्य को जाता है ।

अन्य अनुवादकों के द्वारा किए गये अनुवादों पर हम दोनों ने बैठकर परस्पर विचार-विनियम से उनको संशोधित किया । मुझे यह कहने में संकोच नहीं है कि लगभग सभी कविताओं के अनुवाद अंतिम रूप तक आमूलचूल बदल गये हैं । प्रो.

शंकर वैद्य ने मूल कविता के अर्थ की सूक्ष्म से सूक्ष्म छटा को भी पकड़ने का और उसे अनुवाद के रूप में यथावत रखने का आग्रह किया । छंद भी वही रखा । इससे हिन्दी के उच्चारण में जो थोड़ी-बहुत छूट कहीं लेनी पड़ती है वह हमने स्वीकार की । कुसुमाग्रज की कविता में तुकों की अद्‌भुत निधि जो सहज, अनायास रूप में विद्यमान है, उसको हम हिन्दी में उस रूप में नहीं ले पाये । प्रो. शंकर वैद्य ने केवल इतनी ही छूट दी थी ।

कुल मिलाकर अनुवादप्रक्रिया में और अनुवाद-कार्य समाप्त होते समय मुझे अद्‌भुत आनंद मिला है और मैं निस्संकोच भाव से कहूंगा कि मेरी योग्यता में भी कुछ वृद्धि हुई है ।

कुसुमाग्रजजी के प्रति इस अनुवाद-कार्य में अगर कहीं अन्याय हो गया हो तो अब केवल क्षमायाचना का ही अवलम्ब है ।

–चंद्रकांत बांदिवडेकर

प्रस्तावना

मराठी काव्य की पिछले आठ सौ वर्षों की उज्ज्वल परंपरा है । आद्य कवि मुकुंद राज से प्रारंभ होकर, संत ज्ञानेश्वर, नामदेव के कृतित्व से उत्कर्ष पाकर विविध रीतियों एवं प्रकारों से विकसित होती हुई वह परंपरा आज बड़े गौरवमय रूप में प्रवहमान है । ज्ञानेश्वर, नामदेव से लेकर अनेक संत, पंडित, कवियों ने तथा शाहीरों ने अपने काव्य से इस परंपरा को समृद्ध किया और उसके बाद अंग्रेज़ी शासन के युग में कविश्रेष्ठ केशवसुत की कविता से उसका अलग प्रकार से विकास होना शुरू हुआ । पिछले सौ वर्षों में मराठी में अपनी ख़ास निजी पद्धति से लिखने वाले, मराठी कविता को आशय एवं कला की दृष्टि से नानाविध दिशा देने वाले एवं अपनी परंपरा और अपना युग निर्मित करनेवाले जो कवि हुए उनमें कविश्रेष्ठ कुसुमाग्रज के नाम का बड़े गौरव के साथ उल्लेख किया जाता है ।

कुसुमाग्रज के प्रथम काव्य-संग्रह 'जीवन लहरी' 1933 ने अपनी निजी विशिष्टता के कारण रसिकों का ध्यान आकर्षित किया । उसके बाद 'विशाखा' काव्य-संग्रह ने मराठी कविता के क्षेत्र में एक नये इतिहास का अध्याय ही खोल दिया और कुसुमाग्रज का गौरवशाली स्थान मराठी में दृढ़ किया । 'विशाखा' कविता-संग्रह की दस से अधिक आवृत्तियां हो चुकी हैं, इसी से उसकी लोकप्रियता एवं उसका महत्त्व स्पष्ट हो जाता है । अब तक कुसुमाग्रज के अनेक काव्य-संग्रह प्रकाशित हो चुके हैं 'जीवन लहरी' (1933), 'विशाखा' (1942), 'समिधा' (1947), 'किनारा' (1952), 'मराठी माती' (1960) , 'स्वगत' (1962) , 'हिमरेषा' (1964) , 'वादलवेल' (1969) 'छंदोमयी' (1982) तथा ''मुक्तायन' (1984) । उनकी चुनी हुई कविताओं का संग्रह 'रसयात्रा' (1969) में प्रकाशित हुआ है । इसके अलावा कालिदास के 'मेघदूत' का कुसुमाग्रज का किया हुआ रूपांतर (1956) एवं बाल-कविताओं का छोटा संग्रह 'जाईचा कुंज' (1936) भी प्रकाशित हुए हैं। इसके अतिरिक्त नाटक, कहानी, उपन्यास, ललित निबंध इत्यादि क्षेत्रों में उनका साहित्यिक कार्य महत्वपूर्ण है। वह कवि के रूप में जितने प्रख्यात हैं एवं रसिकों के प्रिय हैं उतने ही नाटककार के रूप में भी ख्याति प्राप्त हैं।

प्रस्तुत आलेख में मैं कुसुमाग्रज के काव्य एवं व्यक्तित्व के वैशिष्ट्य को समझने का प्रयास करुंगा ।

उनकी कविता 'क्रांतीचा जयजयकार' (गरजो जयजयकार क्रांति का) 1939 में प्रकाशित हुई । भारत की आज़ादी के लिए चल रहे आंदोलन के साथ कुसुमाग्रज के मन

की समरसता से उत्फूर्तता में यह कविता प्रकट हुई है । यह कविता उस आंदोलन के समय के सामूहिक मन का एक अत्यंत तेजस्वी उद्‌गार है । दूसरा महायुद्ध पराकाष्ठा पर था। इसी समय (1942 में) भारत की आज़ादी के आंदोलन का निर्णायक पर्व प्रारंभ हो चुका था । नेताजी सुभाष चंद्र के सशस्त्र आंदोलन के परिणामस्वरूप उसमें एक लोमहर्षक नाट्‌य उत्पन्न हुआ था। भारत के सभी आंदोलनों को दबा देने का कार्य ब्रिटिश शासन कर रहा था । ऐसे वातावरण में 'गरजो जयजयकार' कविता के रूप में क्षण-क्षण नये सामर्थ्य से धारदार होने वाली अजेय और दिव्य शक्ति ही प्राप्त हुई है, ऐसा समाज मानस को लग रहा था । इस कविता ने जनता को धैर्य दिया, संकल्प-शक्ति दी, ज़िद् दी, उज्ज्वल भविष्य का आश्वासन दिया, बेड़ियों एवं काराग्रहों और उसके साथ आनेवाली मृत्यु का मज़ाक़ उड़ाने की क्षमता प्रदान की, अचल ध्येयनिष्ठा मन पर अंकित की और क्रांतिकारियों की व्यथाओं को प्रेम से संजोया भी । यह कविता पढ़ते समय एवं गाते समय मराठी कविता को नया तेज प्रदान करनेवाले एक प्रतिभा-संपन्न कवि का उदय हुआ है, यह रसिकों को प्रतीत हुआ । कुसुमाग्रज का नाम उस समय सभी की आंखों पर इस प्रकार से झलका कि जैसे गहन अंधेरे पर बिजली के अक्षर रेखांकित हो गये हों, लेकिन कुसुमाग्रज ने केवल एक 'क्रांतीचा जयजयकार' कविता ही तो नहीं लिखी थी, 'विशाखा' में प्रकाशित उनकी सभी कविताओं का यही ठाठ था, जैसे नक्षत्र-मंडल ही नीचे आ गया हो । 'विशाखा' की सामाजिक संवेदना तथा उत्कट प्रेमाभिव्यक्ति करनेवाली कविताओं ने पाठकों को इसी तरह चकित किया था ।

'कोलबंस का गर्वगीत', 'जलियांवाला बाग़', 'अहि-नकुल', 'जाओ ज़रा पूरब की ओर', 'रेलगाड़ी और ज़मीन', 'आह्वान' आदि कुसुमाग्रज की कविताओं ने महाराष्ट्र के सामाजिक एवं राजनीतिक क्रांति के वातावरण को प्रज्ज्वलित रखने में अलग-अलग प्रकार से सहायता की थी । 'अहि-नकुल' नामक प्रतीकात्मक कविता ने सूचित किया कि तिनकों को रौंदने वाली एवं बेलों को कंपाने वाले सम्राट को मात देने वाली शक्ति उस वन में ही खड़ी रहती है । और उस सम्राट का नाश होकर उसी के रक्त में वे तिनके आनंदपूर्वक नहाते हैं । 'रेलगाड़ी और ज़मीन' कविता में प्रभावपूर्ण ढंग से व्यंजित किया गया कि 'जमीन को रौंदती जानेवाली रेलगाड़ी के टुकड़े उस पददलित ज़मीन के क्षोभ से ही होते हैं । 'जलियांवाला बाग़' के हत्याकांड का वर्णन करते हुए कुसुमाग्रज ने दृढ़तापूर्वक लिखा है–'यह घटना शैतान की प्रभु पर मात है ।' और 'एक और यह वार नया है यीशू तव सीने पर' पंक्ति ने शासनकर्ताओं के अनगिनत अपराधों को उपरोध की भाषा में सूचित किया है ; उसके साथ अपने दुखी मन की व्याकुलता भी उत्कट रूप में

व्यक्त की है । कुसुमाग्रज के 'कोलंबस' ने अपने सहयोगियों को धीरज प्रदान कर अपने कर्तव्य का भान कराया है और क्षुद्र जीवन का धिक्कार करते हुए उनकी अस्मिता को जागृत किया है। 'अनंत ध्येयासक्ति हमारी अनंत है आशा। किनारा हो तुम पामरको' कहते हुए कोलंबस ने सागर की मर्यादाओं का कठोर उपहास किया और उसी के साथ अपनी अनंत, अजेय ध्येयनिष्ठा को गर्जना के स्वरों में प्रकट किया ।

यह सब करते समय कुसुमाग्रज की आंखों के सामने जो क्षितिज था उसकी व्याप्ति भारत तक सीमित नहीं थी । वह अखिल मानवता का क्षितिज था । उनका कोलंबस सात नभों के नीचे यात्रा करने वाला था । 'मानवता का निशान फहरे महान सागर में । जीत ले खंड खंड सारा', इस प्रकार की उनकी व्यापक ध्येय दृष्टि थी । दुनिया के किसी भी अत्याचार से कुसुमाग्रज दुखी होते थे इसी लिए चीन और जापान के युद्ध के अत्याचारों से वह व्यथित हुए और मन के भावनात्मक उन्मेष को उपरोध से जोड़कर उन्होंने कविता लिखी—'जाओ ज़रा पूरब की ओर' ।

'विशाखा' में प्रकट हुआ कवि का कवि-स्वभाव एवं उसकी जीवन-दृष्टि, बाद की कविताओं में अलग-अलग ढंग से सतत प्रकट होती रही । भारतीय स्वाधीनता एवं भारतीय भूमि पर होनेवाले आक्रमणों के विरोध में उनकी कविता अखंड रूप में जागृत रही । वैश्विक स्तर पर होनेवाले मानव के भयावह संहार का दुख उसने व्यक्त किया और अपने समाज-जीवन की विषमता, सामाजिक अन्याय, मूल्यों का विनाश करनेवाली परिस्थिति इत्यादि को कविता के माध्यम से उन्होंने प्रकट किया । दलितों के तथा सामान्य जनों के दुख से पीड़ित होनेवाले कुसुमाग्रज का मन 'छंदोमयी' तथा 'मुक्तायन' की प्रकाशित कविता में अधिक व्यापक रूप एवं तीव्रता में प्रकट हुआ है ।

पहले काव्य-संग्रह 'जीवन लहरी' की एक प्रसिद्ध रुबाई में उन्होंने लिखा था कि—'रोटी के टुकड़े से समूचा स्वप्न भग्न होता है, और उस समय से लेकर आज तक ग़रीबों की रोटी की समस्या कुसुमाग्रज कभी नहीं भूल सके । पेट के लिए पत्थर कूटने वाली माता का रूप ('अनुप्रास अकाल का'), पोखरे के पानी में डूब कर मरे हुए बच्चे को दूर हटा कर कूड़े पर फेंके गये अनाज के लिए दौड़ने वाली मां की भूख ('मेरा राजहंस'), कुसुमाग्रज के मन को कुरेदती रही । इस स्थिति में फ़्रिज में सुरक्षित सेब वाले मूल्यों का उद्घोष करनेवाले समाज-घटकों का उपहास करते हुए वह कहते हैं—'जो रास्ते पर घूमता है, घूरे पर चलता है, वही मूल्य मेरे मन में सार्वभौम मेघ की तरह अटा पड़ा है ।' ('मूल्य'-'छंदोमयी') इस प्रकार के दृश्य जब तक समाज में हैं तब तक बंबई, दिल्ली, बनारस, कलकत्ता जैसे शहर कुसुमाग्रज की दृष्टि में निरर्थक एवं घृणास्पद हैं ।

('घृणास्पद'-'मुक्तायन') दुख फिर वह किसी का भी हो कुसुमाग्रज के मन को खींच लेता है । स्त्री के दुख को एवं उसके गरिमामय कर्तृत्व को व्यक्त करते हुए वह लिखते हैं कि तुझ पर अत्याचार होने पर भी 'केवल नभ में मेरे मन के/स्त्रीत्व रहा नभगत ज्वाला-सा प्रखर तुम्हारा' (केवल) । 'सूर्यपुत्र' कविता में कर्ण की व्यथा को संदर्भ देते हुए कर्ण के मुख से कहलवाया है-'ऐसे ही क़ानूनों को मैं मानता हूं जिनका जन्म मानव में या/मानव-समूहों में नहीं/बल्कि रवि के प्रकाश में और पृथ्वी की ममता में हुआ है ।' इस तरह जन्मगत श्रेष्ठता के क़ानून को धिक्कारने वाला विचार उन्होंने कर्ण-मुख से व्यक्त किया है ।

इस तरह के चित्र खींचते समय 'टिनोपॉल संस्कृति' की सुरक्षा करनेवाले सफ़ेदपोश समाज की मनोवृत्ति का कुसुमाग्रज तीव्र उपहास करते हैं । इस समाज में ऐसे भी लोग हैं जो सोचते हैं कि देवता कुष्ठ रोगियों की बस्ती में अगर जाय तो उसे देवालय में लिया जाय अथवा नहीं ('गर्भगृह') कुसुमाग्रज इस प्रकार की बातों पर चिढ़ व्यक्त करते हैं। हम सब अपनी संस्कृति के उच्च एवं उदात्त होने के गीत गाते रहते हैं । और अनेक विशेषणों से उसका वर्णन भी करते रहते हैं परंतु उस प्रत्येक विशेषण के नीचे एक-एक प्रेतागार है,यह अग्निधर्मी भाषा में कुसुमाग्रज लिखते हैं ('विशेषण')। उच्च संस्कृति को बनाये रखने के लिए गंदी झोंपड़पट्टी को जला देना चाहिए, ऐसा कहने वालों को कुसुमाग्रज का उत्तर है-'ये लोग कैसे जी रहे हैं इससे अधिक महत्वपूर्ण है कि वे जी रहे हैं' ('बर्यापैकी'-'मुक्तायन') । आज के युग में मूल्य-भ्रष्टता की प्रक्रिया में भ्रष्ट राजनीति में भी अपनी ओर से योगदान किया है। महान व्यक्तियों के पुतले खड़े कर ये लोग मानो उनके संबंध में अपने कर्तव्य से मुक्त हो गये हैं । महान लोगों की महत्ता को भूलकर हमने उन्हें विशिष्ट जातियों का नेता बना दिया है । शिवाजी महाराज को हम आमदार होने के लिए टिकट देना चाहते हैं ('शिवराया'-'मुक्तायन') । इसी संदर्भ में 'आख़िरी कमाई' के पांच पुतलों का दुख कविता के मूल में पढ़कर ही जाना जा सकता है।

इस समस्त परिस्थिति में कुसुमाग्रज के लिए सामान्य मनुष्य ही विश्राम का आधार है। भीड़ में वह कोई न भी हो तो भी उसका अपना स्वतंत्र अस्तित्व है ('भीड़')। वी.टी. स्टेशन पर भीड़ में वह भले ही नगण्य हो तो भी एक परिवार का वह सूर्यनारायण है-('कलोजस') । संस्कृति के व्यवहार में एक दिलासा यह भी है कि सामान्य मनुष्य को कितना ही मारा जाय, वह मरता नहीं है । वह उन्मत्त ऐश्वर्य का एवं राजमहलों का नाश कर सकता है ।

तब तक इन सामान्य लोगों में ही कोई एक 'जवान' खड़ा रहता है और घर के सारे रिश्तों को भूलकर कर्तव्य के लिए प्राणार्पण भी करता है । इन जवानों के लिए कुसुमाग्रज का मन कृतज्ञता से भर आता है । वह है इसलिए हमारा सुख सुरक्षित है । इसीलिए संस्कृति का नीला चाँदवा विद्यमान है । 'याचक' कविता में याचक के कटोरे में अनेकों ने अपना वैभव डाल दिया लेकिन फिर भी वह भरा नहीं । लेकिन एक भिखारिन ने अपनी छाती पीनेवाले नन्हें बच्चे को दूर रखकर अपने स्तन के दूध की दो बूंदें उसमें डाल दीं तब वह कटोरा फ़ौरन ही भर गया । कुसुमाग्रज लिखते हैं—'इस आधार पर ही मनुष्य की जाति आज भी जीवंत है' । ऐसे सामान्य जनों के प्रेम के लिए बाबा आमटे अपना समग्र जीवन समाज के लिए समर्पित करते हैं इसीलिए कुसुमाग्रज उनके स्तोत्र गाते हैं ।

'विशाखा' के बाद की कुसुमाग्रज की कविता में 'मानवता' शब्द से 'मनुष्यता' पर बल अधिक है । 'हम सब मानव हैं' इस वाक्य में जो आस्वान है वह इस विचार को है कि हम सब समान हैं । लेकिन 'मनुष्यता' में जो आस्वान है वह आंतरिक आर्द्रता को, समझदारी को, अंतड़ी के लगाव को ही है । इसी भावना की एक किनार प्रेम की है । उसी को कुसुमाग्रज 'प्रेमयोग' कहते हैं । 'प्रेम मनुष्य की संस्कृति का सारांश है, इतिहास का निष्कर्ष है और भविष्य के अभ्युदय की एकमात्र आशा है ।' 'प्रेमयोग' एक जीवनदृष्टि है । जब कुसुमाग्रज लिखते हैं—'जिसको बचाना है उसको प्यार किया ही जाय, लेकिन जिसको मारना है उसको भी प्यार किया जाय' तब वह यह कहना चाहते हैं कि मानवीय व्यवहार की नींव संहानुभूति और आत्मीयता होनी चाहिए । मनुष्यता की कुछ निराली छटा और संस्कृति की परिपक्व अवस्था इस 'प्रेमयोग' के आधार से स्पष्ट होती है । मानवता शब्द से निकलकर उसके पेट में घुसते हुए उसके अर्थ की एक-एक छटा पहचानते हुए मनुष्य—मनुष्यता—प्रेम—प्रेमयोग, इस व्यापक भूमिका तक कुसुमाग्रज के मानव-प्रेम का विकास होता दिखता है ।

दो अलग–अलग जगहों से निकलकर दो यात्री एकत्र हो जाएं, उस तरह कुसुमाग्रज की सामाजिक प्रेम की कविता मानवता—मनुष्यता—प्रेम तक पहुंची है और उनकी आत्मपरक प्रेम कविता भी 'प्रेमयोग' के विकसित विचार तक पहुंची है । दो व्यक्तियों को मन से एकत्र बांधने वाला सूत्र और समाज–घटकों को एकत्र बांधने वाला सूत्र अनेक अर्थ–छटाओं से समृद्ध 'आत्मीयता का भाव' ही है । जिस कृष्ण ने कर्मयोग एवं भक्तियोग बताया उसी के मुंह से कुसुमाग्रज ने 'प्रेमयोग' की यह कल्पना कहलवायी है । अतः उसे उच्च जीवनदृष्टि का अधिष्ठान प्राप्त हुआ है ।

जिस तरह कुसुमाग्रज अपनी राजनैतिक एवं सामाजिक कविता के कारण ख्याति प्राप्त कर गए उसी प्रकार उनकी प्रेम और प्रकृति संबंधी कविता भी बहुत चर्चित रही है । इस प्रकार की उनकी कविता 'विशाखा' में सीमित ही हैं । लेकिन उन कविताओं का सम्मोहक प्रभाव रसिक मन पर गहराई से अंकित हुआ । 'विशाखा' की इस तरह की लोकप्रिय कविताओं में प्रमुख कविता है 'स्वप्न का समापन' जिसमें प्रेमी और प्रेयसी के विरह की भावना व्यक्त की गई है । उसी तरह 'पृथ्वी का प्रेम गीत' । पृथ्वी को मालूम है कि सूर्य के साथ उसका मिलन असंभव है लेकिन वह अन्यों का प्रेम तुच्छ मानकर सूर्य की कक्षा में ही भ्रमण करना स्वीकार करती है । शहर के विलासमय वातावरण में रहते हुए गांव के अतीत के प्रेम की स्मृतियों से व्याकुल करनेवाली कविता 'स्मृति' । उसी तरह शाम को किनारे पर भेंट होने के बावजूद जीवन के सुखदुखमय स्वरूप के कारण मन में कचोट उत्पन्न करनेवाली कविता है 'किनारे पर' । इन कविताओं की मधुरिमा उत्कट और टिकाऊ है । बाद के संग्रह में संख्या में सीमित लेकिन मन को बेंधनेवाली सुंदर प्रेम-कविताएं आयी हैं । 'नहीं', 'स्मरण', 'मिट्टी का गान' ये कविताएं ऐसी हैं जिनमें मराठी मिट्टी की महक है । 'स्वगत' संकलन में 'पूनो' कविता, 'छंदोमयी' संकलन में 'हे नभ', 'यौवन', ये कविताएं, तथा 'छंदोमयी' और 'मुक्तायन' में प्रकाशित प्रिय व्यक्ति के देहांत संबंधी कविताएं इत्यादि का उल्लेख करना चाहिए । इनमें से कुछ कविताएं प्रस्तुत संकलन में समाविष्ट हैं ।

इन प्रेम कविताओं में उनका अपना ख़ास वैशिष्ट्य है । इनकी भावना—विरह, मिलन, स्मृतियों से बिध्द होनेवाली अथवा समर्पण की या किसी प्रकार की हो, वह उत्कटतापूर्वक व्यक्त होती है । इन कविताओं में उत्कटता है और तनाव को ख़त्म न करते हुए उसे व्यक्त किया जाता है । इसका कारण अनुभव के नाट्य को ढंग से पकड़कर कविता में उसे अचूक रूप देकर कुसुमाग्रज व्यक्त करते हैं । अनुभव एवं भावना की हर एक छटा को व्यक्त करते हुए विलक्षण सुंदर और समुचित बिम्बों के माध्यम से उस अनुभव की बुनावट होती रहती है । कविता में आनेवाला प्रकृति का वातावरण या संकेत कविता के साथ ऐसे एकमेक हो जाते हैं कि एक ओर प्रकृति-सौंदर्य के दर्शन होते हैं और उस प्रकृति में से ही उस भावना की सशक्त अभिव्यक्ति होती रहती है । 'स्वप्न का समापन' एवं 'पृथ्वी का प्रेम गीत', ये बहुचर्चित कविताएं इसको उदाहृत करती हैं । 'स्वप्न का समापन' में दोनों के मिलन के स्वप्न की समाप्ति बतानेवाला दुखद अनुभव है । रात समाप्त होते-होते भोर के समय दोनों को एक-दूसरे

से विदा होना है । उस रात की चांदनी की मधुरिमा पीकर और आनेवाले भोर से दहशत खाकर कुसुमाग्रज ने पंक्तियां लिखी हैं—'उठा सखी, कंठ घेरे, चांदनी की अपनी बांहें क्षितिज पार दिवस—दूत देखो आकर खड़े रहे ।' आकर्षण और भय के बीच का तनाव कायम रखते हुए आगे की पंक्तियों में उस समूची घटना को रंग और रूप प्राप्त करा दिया गया है, और सौंदर्य भी । प्रकृति का वातावरण सुंदर है परंतु वह विरह की भावना को अलग-अलग ढंग से तीव्र करता रहा है । स्नेहहीन ज्योति की तरह मंद पड़नेवाला शुक्र तारा, स्वप्न की तरह तिरोहित होनेवाला एक-एक सितारा, हरसिंगार के पैरों तले बिखरे हुए फूल और वायु पर फैलनेवाली उनकी सांसें—इस प्रकार हर तरह के वर्णन में भावोत्कटता उत्पन्न हुई है और कविता के सौंदर्य में चार चांद लग गए हैं । कुसुमाग्रज की कविता-शक्ति से निर्मित इस कविता के बिम्ब इतने नये और सटीक हैं कि उनसे पाठकों को उनकी प्रेम-भावना की नयी प्रतीति मिलती है । इस भावना के उत्कर्ष के बिंदु पर 'उठा सखी, कंठ घेरे चाँदनी की अपनी बाहें' इत्यादी पंक्तियां ऐसे मोड़ पर आती हैं कि विरह की कल्पना का एक भयावह धक्का-सा मन में पुनः-पुनः लग जाता है। अंतिम छंद में इस पंक्ति की पुनरावृत्ति को निकालकर एक अलग-सा धक्का कुसुमाग्रज पाठकों को देते हैं । यह पंक्ति पुनः नहीं आती, इसका ध्वन्यार्थ यह है कि उसने गले से हाथ निकाल दिए हैं और उन दोनों ने एक-दूसरे से विदा ली है । कलात्मक संयम और संकेत से भावोत्कटता को बढ़ाने का कौशल, इन दोनों की प्रतीति यहां होती है ।

'पृथ्वी के प्रेमगीत' का ठाठ ही अलग है । प्रेमी के प्रति ज़बरदस्त आकर्षण, अटल रूप में उसकी कक्षा में घूमते रहने की बाध्यता परंतु मिलन की संभावना न होना और बिना उस प्रेम के जिया भी नहीं जा सकता ऐसी कुछ मानसिकता, इसके कारण नाट्यात्मक परिस्थिति उत्पन्न होती है । अंतराल में भ्रमण करनेवाले चंद्र, शुक्र, मंगल, धूमकेतू का उपयोग कुसुमाग्रज जी ने बहुत कल्पनापूर्वक एवं सौंदर्यपूर्ण ढंग से कर लिया है । इन ग्रह-तारकों के रूप-रंग को कवि ने अपनी प्रतिभा के द्वारा अलग-अलग भावनात्मकता प्रदान की है और हर एक को अलग-अलग व्यक्तित्व भी प्राप्त करा दिया है । यहां का चंद्र, सूर्य के दिव्य एवं तेजस्वी कणों को बीनकर एवं उन कणों से आलोकित होकर पृथ्वी को मोहित करनेवाला है । मंगल लज्जाशील है । शुक्र प्रेमल है । ध्रुव निराश होकर संन्यस्त बन गया है और धूमकेतु पागल की भांति बाल बिखेरकर पृथ्वी की मनुहार कर रहा है । इतने सुंदर प्रेमिकों के होते हुए भी पृथ्वी उनको 'जुगनू' कहकर धिक्कारती है और कहती है—'न लूंगी मैं ओछा प्रणय दुर्बलों का भले मुझको अंतर पड़े

चाहे सहना ।' वह चिर विरह में भ्रमण को श्रेयस्कर मानती है । कुसुमाग्रज ने इस कविता में आदर्श प्रेम का एक नया मिथक ही तैयार किया है । परिणामतः इस तरह के नाट्य, उत्कटता और सौंदर्य के कारण 'विशाखा' की प्रेम-कविताएं बहुत लोकप्रिय हुईं ।

कुसुमाग्रज के 'छंदोमयी' एवं 'मुक्तायन' संग्रहों में प्रिय व्यक्ति के निधन का दुख तथा उस निधन के कारण उत्पन्न होनेवाली रिक्तता व्यक्त करनेवाली कुछ कविताएं समाविष्ट हैं । व्याकुलता, हताशा, अकेलापन, मानसिक धक्का, उदासीनता इत्यादि भावों के दर्शन इन कविताओं में होते हैं । प्रस्तुत हिन्दी संकलन में ऐसी ही एक कविता 'दाँव' समाविष्ट की गई है । लेकिन इन कविताओं की कुसुमाग्रज की शैली बदली हुई लगती है । सीधी शैली के माध्यम से ही अनुभव को कैसे उत्कटतापूर्वक कुसुमाग्रज व्यक्त करते हैं, यह 'हे गगन' कविता के द्वारा प्रकट होगा ।

सामूहिक भावना की अभिव्यंजना करनेवाली सामाजिक कविता की अपेक्षा दो व्यक्तियों के बीच के रिश्ते का प्रकटीकरण करनेवाली प्रेमकविता आशय के संदर्भ में मूलतः अलग है । अतः स्वाभाविक रूप में उसकी बुनावट एवं स्वरूप अलग है । राजनैतिक, सामाजिक जीवन का अजेय संकल्प और जूझारू वृत्ति यहां नहीं है । अगर हो भी तो वहां पृथ्वी के प्रेम की तरह व्रत का स्वरूप रहता है । अथवा 'नाहीं' कविता जैसा सामंजस्य या मूकता में दुख सहना होता है । प्रायः लकड़ी को कुरेदनेवाले भ्रमर का संबंध यहां कमल के साथ आता है इसलिए कवि के व्यक्तित्व का तथा कवित्व का एक अलग पहलू दृष्टिगोचर होता है ।

कुसुमाग्रज की अनेक कविताओं में 'स्वप्न का समापन' कविता का यह भाव 'लक्ष्य, प्रीति, आशा की क्या हो पाती है/कभी पूर्ति/हम पागल-से पूजे जाते खंड-खंड हुई मूर्ति', व्यक्त हुआ है । जीवन दरिया जैसा है वह सुंदर भी है और भीषण भी है (किनारे पर) प्रेम में भी ऐसा ही होता है । यह अग्नि से अटल भेंट है अतः वहां जलना तो होगा ही, उसी के साथ धुआं भी होगा ही (यौवन) । फिर भी जीवन में प्रेम का बड़ा महत्व है । 'पृथ्वी के प्रेमगीत' में इस मर्म को पृथ्वी ने समझा है । इसी लिए कुसुमाग्रज प्रेम के बारे में कहते हैं–

'इस भयावह
सीमाहीन
अंधियारे के अपार पर
खिला हुआ है

एक सुंदर फूल
–और एक ही :
प्रेम का
वह नहीं होता तो
हर पल उगने वाला
डूबनेवाला
यह सूर्य भी
हुआ होता
एक अंधार पुत्र
अर्थ शून्य (फूल)

कुसुमाग्रज की कविता में अब प्रेम केवल वैयक्तिक सुख–दुख की बात न रहकर मानवीय जीवन को अर्थ देनेवाली एवं विकसित करनेवाली शक्ति हो गयी है । इस प्रकार की व्यापक संवेदना तक प्रेम की कक्षा विस्तारित हुई है ।

कुसुमाग्रज की कविता का विचार करते समय मुख्यतः उनकी सामान्य एवं प्रेम विषयक कविता पर ही बल दिया जाता रहा है और वह स्वाभाविक भी है । परंतु अपनी आंतरिक वृत्ति प्रवृत्ति के संबंध में तथा जीवन विषयक दृष्टिकोण और उस जीवन के बारे में एवं परमेश्वर के संबंध में जो चिंतन उन्होंने किया है, उसकी अभिव्यंजना करनेवाली कविताओं की संख्या भी नगण्य नहीं है । इन कविताओं से उनके व्यक्तित्व पर अलग प्रकाश पड़ता है ।

कुसुमाग्रज के आंतरिक जीवन में यथार्थ जगत् बनाम स्वप्नमय जगत् के बीच का संघर्ष सदैव चलता रहता है । 'माटीपन मेरा मिटाये नहीं मिटता/आकाशपन मेरा हटाये नहीं हटता' (देना) । इन पंक्तियों में उसका एक पहलू दिखता है । यथार्थ दुनिया में समाज–सुख के लिए आवश्यक संघर्ष उन्होंने स्वीकार किया परंतु जीवन के लुभावने स्वप्नों की महत्ता से उन्होंने इन्कार नहीं किया । वैज्ञानिक सत्य को दृढ़तापूर्वक पकड़े न रहकर अथवा केवल पार्थिव के साथ बंधे हुए न रहकर मनुष्य अपनी भावानुभूति से जो अनोखा सौंदर्यात्मक विश्व निर्मित करता है वह विश्व भी कुसुमाग्रज की दृष्टि में महत्वपूर्ण है । उन्होंने मनुष्य को नकारा नहीं, उसका मनुष्यत्व नकारा नहीं, उसके व्यक्तित्व की स्वतंत्रता को भी नकारा नहीं । इसीलिए उन्होंने स्वप्न के विश्व को नकारा नहीं, कल्पना–रम्यता को नकारा नहीं और भाव–सौंदर्य का विश्व तो बिलकुल नकारा

नहीं । वैज्ञानिकों का एक चंद्र है । उसपर बंदर, मनुष्य जा सकते हैं । परंतु उससे भिन्न मनुष्य के मन को सम्मोहित करने वाला एक दूसरा चंद्र है । कुसुमाग्रज को उसका अस्तित्व महत्वपूर्ण लगता है ('यह चंद्र') । मार्क्स, रसल, जड़, क़ानून के पास रुक जाते हैं । कुसुमाग्रज ने टिप्पणी की है कि इन निरीश्वरवादियों ने उत्तर रात्रि में जगकर चांदनी से खचाखच भरा हुआ और असीम धूसरता से युक्त आकाश मेरी नज़र से नहीं देखा ('नज़र') । 'मुक्तायन' संग्रह की 'निवास' कविता में कुसुमाग्रज लिखते हैं—'पृथ्वी पर उद्यान दग्ध होते हैं तब मेरा वास आकाशगंगा के तारक पर होता है । व्यवहार के लिए मैं यहां होता हूं ।' 'मैं एक ख़ास उन्मेष हूं । मेरा एक निजी आकाश है, निजी चंद्र, सूर्य, तारे हैं । निजी पृथ्वी है । मैं जैसा दिखता हूं, वैसा नहीं हूं । मैं एक संबंध के माध्यम से तुम पर प्रकट होता हूं लेकिन मैं उसके परे होता हूं ।' ये हैं उनके 'मैं' कविता के उद्‌गार । 'अजनबी' नामक कविता में वह लिखते हैं—'हज़ार आंखों का पानी मेरी आंखों में जमा होता भी हो तो भी उन हज़ारों से दूर विजन में मेरा अपना एक घोंसला होता है और उसमें अपने तक सीमित निजत्व की अस्मिता भी होती है । स्वतंत्र अस्तित्व एवं स्वतंत्र मानसिक विश्व की संवेदना व्यक्त करनेवाले कुसुमाग्रज को यह पता नहीं चलता कि मैं निश्चित कैसा हूं । मैं यह भी नहीं, वह भी नहीं... किसी भी एक स्थिर प्रतिमा में मुझे पक्का नहीं किया जा सकता ('मला हवा तो') । 'स्वगत' की एक कविता 'कौन' में वह लिखते हैं—'मेरा प्रेत मुझसे मिलने आया । दोनों में से एक निकल गया । लेकिन कौन गया, यह नहीं कहा जा सकता ।

इस कवि-मन में आसक्ति,—विरक्ति,—आस्तिकता—नास्तिकता का संघर्ष चलता रहता है । उनकी 'समिधा' संग्रह की एक कविता का एक हरसिंगार इसी लिए तप करता है कि उसपर फूल खिल जायें । लेकिन बाद में यह सोचकर कि मुझ जैसे तपस्वी को यह आभूषण क्यों चाहिए, वह फूल फेंक देता है । अपने अस्तित्व का एवं जीवन का प्रयोजन समझने में नहीं आता, यह स्वर उनकी कविता 'तृण की पाती' में उभरा है । लेकिन उसके कारण कुसुमाग्रज व्याकुल एवं विचलित नहीं होते । मनौती को माननेवाले, पाप-पुण्य को बेचनेवाले, दस जनों को संत एवं शैतान बनानेवाले ईश्वर को यहां गाड़ दिया गया है । परंतु अब यहां सभी के सुख का विचार उभर रहा है । यह नई ईश्वरता ही है । ('इसी मिट्‌टी से') । हमारे युग ने परमेश्वर से बैर किया लेकिन वह मरा नहीं । मूर्तियों को तोड़ दिया गया लेकिन उनको नष्ट नहीं किया जा सका । इस अनुभव के बीच से गुज़रने के बाद उन्हें, 'यह विश्व 'उस' अनुभव का अंकुर ही है', इस प्रकार एक

भव्य स्तर पर ईश्वर का अस्तित्व उन्हें संकेत देने लगता है । यहां विश्वचैतन्य को ही वह ईश्वरीय तत्व मानते दिखते हैं । ('पुतला'—मुक्तायन) । दीवानख़ाने की चर्चा में ईश्वर को नकारने के बावजूद अपने हृदय में तुम मुझे स्वीकार करते हो, ऐसा देवता ही उनसे कहता है ('वह') ।

इस प्रकार अपने स्वयं की एवं दुनिया के अन्यों की मनुष्यता को निहारते हुए, जीवन के जड़चैतन्य की पीड़ा का अनुभव करते हुए तथा अस्तित्व के बारे में परमेश्वर तत्व के संबंध में विविध प्रकार से विचार करते हुए कुसुमाग्रज ने जो कविता लिखी है उसमें जीवन के संबंध में चिंतन अभिव्यक्त हुआ है, एवं अनेक भावानुभवों का सौंदर्याभिव्यंजन हुआ है । एक भारतीय के नाते और एक मुनष्य के नाते अपनी विहित निष्ठा को संजोते हुए केवल एक-ही-एक परिसर में बंदी बनकर कुसुमाग्रज नहीं रहे । अपने को सतत निहारते हुए, अपना आंतरिक विश्व उन्होंने कविता के माध्यम से खिलाया । जीवन की यात्रा एक प्रवासी की वृत्ति से उन्होंने की ।

चल रहा हूं सतत मैं यह
चल रहे को अंत नाही...

श्रेय चलने का रहा है
अन्य धर्माचार नाही ।

(मार्ग)

आंतरिक प्रवृत्ति में से प्राप्त हुई यात्री की भूमिका के कारण उनकी कविता की बिम्ब-सृष्टि में कोलबंस जैसे नाविक, पंछी, मुसाफ़िर, सौदागर आते हैं, गति के वर्णन एवं उसी में जीवन के अनुभव के क्षितिज विस्तृत होते हुए उन्हें दिखते हैं । सतत गतिमान रहनेवाले यात्री-मन को नक्षत्रों ने आयुष्य का सार यह बताया—'जीना याने प्रेम करना' । यह प्रेम का व्रत अगर नहीं लिया जाय तो मनुष्य का पृथ्वी एवं आकाश से जो रिश्ता है वह टूट जाएगा, कुसुमाग्रज ऐसा ही मानते हैं ।

कुसुमाग्रज की कविताओं का पहला संकलन जब प्रकाशित हुआ तब मराठी में रविकिरण मंडल की विपुल कविता प्रकाशित हुई थी । लेकिन उसका एक साँचा बना था । पिटेपिटाये विषय एवं पिटीपिटायी भावनाएं, रूढ़ कल्पनाएं और सीधी निवेदन शैली—यही उस कविता का स्वरूप था । अनुभव को उसके समग्र पहलुओं के साथ सुंदरतापूर्वक मूर्त करने के स्थान पर उस अनुभव का वर्णन करने की ओर कवियों की प्रवृत्ति थी । अनुभव का संवेदनात्मक रूप नये ढंग से प्रतीत हो और उसे नये बिम्बों के

माध्यम से तीव्रतापूर्वक तथा सौष्ठव के साथ व्यक्त किया जाय, ऐसा कुछ नहीं घटित होता था । उसके कारण कविता सपाट बनती थी । अनुभव के कुछ आयाम व्यक्त ही नहीं होते थे । कुसुमाग्रज की कविता के कारण उस काल में निश्चित क्या घटित हुआ इसकी कल्पना संक्षेप में एवं विश्वसनीय ढंग से बतानी हो तो कहा जा सकता है कि 'टू डायमेंशनल' बनी हुई कविता की शैली और कविता को कुसुमाग्रज ने 'थ्री डायमेंशनल' अथवा 'मल्टीडायमेंशनल' बनाया ।

कुसुमाग्रज को अपने अनुभव कितने अनोखे ढंग से प्रतीत हो रहे थे और उन्हें वह कितने अनोखे ढंग से व्यक्त कर रहे थे, इसकी प्रतीति फ़ौरन ही रसिकों को हुई । उदाहरण के लिए उन्होंने संज्ञाओं से क्रियाएं तैयार कीं ('किनारती', 'वादळला', 'अलंकारण्याला', 'उधाणलेली' इत्यादि । उसी तरह उन्होंने नये विशेषण लगाकर यह प्रकट किया कि कवि को आशय कितने अलय ढंग से प्रतीत हुआ है । (उदय श्रृंखला, क्रुद्ध भूख, विखारी आग, अनंत ध्येयासक्ति, अजेय छाती, आर्त पिसे (पागलपन), उन्मुक्त गोपूर, तमलांछित सागर : यह विस्मयकारी था । यद्यपि भाषा को नया रूप देने का एवं उसमें नये ढंग से योगदान करने का कार्य मराठी के पूर्ववर्ती अनेक कवियों ने किया था, फिर भी कुसुमाग्रज के द्वारा किया गया योगदान अनोखा था ।

कुसुमाग्रज की कविता मिट्टी, समुद्र, आकाश, प्रकाश, अग्नि, वायु इत्यादि के विविध विलास का एक अनोखा भान निर्मित कर गई । इन सबका उपयोजन कभी पार्श्वभूमि के रूप में, कभी प्रकृति-चित्रण के रूप में अथवा बिम्ब-सृष्टि के घटक के रूप में वातावरण-निर्माण के लिए होता है । पंचमहाभूतों के अस्तित्व का, उनकी विलासक्रिया का संकेतपूर्ण संस्कार मन पर करके कुसुमाग्रज की कविता ने काव्य को भव्यता प्राप्त करा दी है ।

वाङ्मयीन दृष्टि से विचार करते समय ध्यान में आता है कुसुमाग्रज की कविता में नाट्यमयता घटक, प्रभावपूर्ण ढंग से मन पर अंकित होता है । अनुभव के नाट्य को मार्मिकता से पहचानकर वह कविता का रूप इस कौशल से रचते हैं कि वह नाट्य प्रभावपूर्ण ढंग से व्यक्त हो । दो शक्तियों के बीच का दर्शनीय संघर्ष, परिस्थिति के बीच का विरोध, असंगतियाँ, धागों का ऐंठना, मानसिक तनाव, पेंच इत्यादि के बीच से यह नाट्य उभरता है । इसमें कभी संघर्ष स्पष्ट रहता है ('अहि-नकुल', 'गरजो जयजयकार', 'कोलंबस का गर्व गीत'), कभी वह संघर्ष सूक्ष्म मानसिक होता है, कभी उसमें बाह्य परिस्थिति का दबाव रहता है, कभी अपनी निष्ठा एवं दुर्बलता भी उसके लिए कारण

होती है अथवा उसमें योगदान करती है ('स्वप्न का समापन', 'पृथ्वी का प्रेमगीत') । 'स्मृति' जैसी कविता में शाही वैभव एवं विलासिता का वातावरण चहुं ओर रहते हुए भी नायक को उस वातावरण के विरोध भाव से अपने गांव की मंद दिये की बात अथवा कभी गाया गया आर्त 'अभंग' या कभी उसकी आंख का करुण विलास स्मरने लगता है। इस तरह के विरोध में से ही उसकी भावना का स्वर उत्कटता से छेड़ा जाता है, उस पूरी रचना को अनोखा सौंदर्य प्राप्त होता है । नाट्य को प्रकट करने का 'विशाखा' का ढंग अलग-अलग अनुभवों के अनुसार आगे बदलता गया है । 'आशा' कविता में अभ्राच्छादित, उदास, जमे हुए, चैतन्यहीन वातावरण में झाड़ियों में क्रीड़ा करनेवाले राजवरखी पंख की एक अकेली तितली को दिखाकर कुसुमाग्रज जमे हुए वातावरण तथा सजीवता के तरल दर्शन के बीच के नाट्य को साकार कर उस कविता को जीवंत करते हैं । जिस कविता में पार्थिव एवं मानसिक स्वरूप की घटना नहीं है और केवल वैचारिक चिंतनपरक प्रतिक्रिया अथवा अनुभव का सार व्यक्त करना है वहां शैली एवं अर्थ प्रस्तुत करने की पद्धति से औत्सुक्य जागृत रखने का कार्य किया जाता है । 'प्रेमयोग' कविता में वैसे कोई नाट्यपूर्ण घटना नहीं है । लेकिन 'प्रेम किसी पर भी किया जाय' पंक्ति में 'किसी पर भी' शब्द मन में औत्सुक्य उत्पन्न करता है । पहले कल्पना नहीं होती कि 'किसी पर भी' शब्द के पेट में क्या तफ़सील है जब वह तफ़सील आगे समझने में आने लगती है तब 'राधा के वत्सल स्तन पर किया जाय, कुब्जा के विद्रुप कूबड़ पर किया जाय,' इस प्रकार की विरोध पर आधारित पंक्तियां कविता को बेधक बनाती हैं । उसी प्रकार 'प्रेम किसी पर भी किया जाय ।' पंक्ति के हर छंद के बाद होनेवाली पुनरावृत्ति के कारण कविता गतिमान होती है और उसमें से कवि की जीवन-दृष्टि धीरे-धीरे खुलने लगती है ।

अनुभव के नाट्य को पकड़ने के बाद और उसमें से उसका सौष्ठव सिद्ध करने के बाद कहीं भी शिथिलता को अवसर न देते हुए उस अनुभव का विकास कुसुमाग्रज करते हैं । और बड़े कौशल से अर्थ को सघन बनाते हुए कविता का अंत करते हैं । 'गरजा जयजयकार', 'कोलंबस का गर्व गीत', 'अहि-नकुल' की अंतिम पंक्तियों को देखा जाय तो कुसुमाग्रज की यह कला और कुशलता सिद्ध होती है । अचूक बिन्दु पर अंत करके कुसुमाग्रज अर्थ की दृष्टि से कविता का कितना विकास करते हैं, इसकी प्रतीति इन थोड़ी-सी कविताओं के उदाहरणों से होती है ।

पंक्ति-पंक्ति से कविता के रचते जाते समय जीवंत संवेदना का दर्शन सुंदर बिम्बों के

माध्यम से होता ही है, परंतु ऐसा करते हुए भी औत्सुक्य को जागृत रखने का तंत्र कुसुमाग्रज सहजता से स्वीकार करते हैं । कर्ता एवं कर्म को पंक्ति के अंत में रखकर उत्सुकता का निर्माण करने की उनकी एक निजी पद्धति है । अगर कर्ता पंक्ति के प्रारंभ में आ जाय तो निकट की पंक्ति में सुंदर बिम्ब की योजना करके या उत्प्रेक्षा का उपयोग करके वह उस पंक्ति का सौंदर्य बढ़ाते हैं । हिंदी अनुवाद में शब्दों का स्थान यथावत नहीं रखा जा सका इसलिये उक्त मुद्दे को मूल मराठी कविता से उदाहृत किया जा रहा है—

पुढे पसरला अथाग दरिया
सखे किनान्यावरती आपण
कोर शशीची शुभ्र बिलोरी
टाकी निज किरगांची रापण

इन पंक्तियों में 'दरिया' और 'आपण' ये कर्ता पंक्ति के अंत में आये हैं । और आगे वाली पंक्ति में 'कोर शशीची' प्रारंभ में आने पर 'किरणांची रापण' यह प्रतिमा सामने आयी । उपरोक्त पंक्तियाँ अगर इस प्रकार पढ़ी जायं—

पुढे पसरहा (क्या?)—अथांग दरिया
सखे किनान्यावरती (कौन?)—आपण
चित्रासम निःशब्द गये (क्या)—जग
क्वचित मंगते (क्या)—गाढ़ शीतता
झापुन जाता (कौन?)—राय-विहंगम

तो पाठक के मन में उत्सुकता जागृत रखने के तंत्र का अवलंब कैसे किया गया है, इसकी स्पष्ट कल्पना आती है ।

आगे चलकर कुसुमाग्रज की कविता का ढंग बदला तो तंत्र भी बदला । 'स्वगत' संग्रह से यह बदलाव दिखने लगता है । अचूक छंदबद्ध रचना, छंदबद्ध परंतु श्लोकमुक्त रचना, मुक्तछंदीय रचना, छंदमुक्त रचना इस प्रकार उनकी रचना-पद्धति में परिवर्तन हुआ है । 'विशाखा' में एक भी कविता मुक्तछंद की नहीं है और 'मुक्तायन' में सिर्फ़ एक अपवाद छोड़ दें तो कविता छंदबद्ध नहीं है । फिर नाटककार होने के कारण उन्होंने नाट्यछटात्मक रचना तथा स्वगतात्मक रचना भी की है । उत्तर काल में वह अपने अभिप्राय को सीधे सरल ढंग से व्यक्त करते हैं । इसके कारण लेखन में कर्ता आरंभ में आता है । शैली में इस प्रकार का परिवर्तन घटित होते हुए उनके लेखन की

व्यंग्यात्मकता की धार, 'जो विशाखा' की 'जाओ ज़रा पूरब की ओर' कविता में दृष्टिगोचर हो गयी थी वह आगे चलकर तीव्र होती गई है । उसका श्रेय जाता है सामाजिक, सांस्कृतिक परिस्थितियों को ।

पिछले साठ वर्षों में कुसुमाग्रज द्वारा लिखित विपुल कविता के बीच से गुज़रते हुए और उसका पुनःपुनः आस्वाद लेते हुए मन हर्षित होता है । उनकी 'विशाखा' ने मराठी में नवचैतन्य उत्पन्न किया और अपने जीवन-प्रेम का एवं कला-प्रेम का प्रवाह अखंड बहता हुआ रखा । उन्होंने न केवल कविता लिखी बल्कि अनेक नाटक, कहानियां, उपन्यास और ललित गद्य लिखकर मराठी साहित्य को प्रचुर योगदान दिया । अखिल मानव-जाति को प्यार तो किया ही लेकिन अपनी भूमि के बंधुओं को विशेष रूप से प्यार किया, प्राचीन काल से आज तक देश में जो अनेक महान व्यक्ति पैदा हुए उनका स्तुति-स्तोत्र उन्होंने मनःपूर्वक एवं विनम्र भाव से गाया है । उसमें संत हैं, देशभक्त हैं, क्रांतिकारी हैं, समाज सुधारक हैं और साहित्यकार, कलाकार भी हैं । उनमें पुरुष और स्त्रियां भी हैं । और इसी के साथ सुप्त सामर्थ्य को सुरक्षित रखने वाला सामान्य जन भी है । यह कविता इस भूमि से उगी और इसी भूमि की वर्षावायु पर खिली । उसके विषय तो इसी ज़मीन के हैं ही, उसकी समृद्ध बिम्ब-सृष्टि भी इस सांस्कृतिक वातावरण के साथ जुड़ी हुई है । काली, ओंकार, यज्ञ, दर्भ की पत्ती, ऐसे शब्द उसमें सहजता से आते हैं और नया जीवन धारण करते रहते हैं । परतंत्रता से स्वतंत्रता तक के काल में अनेक मोड़ों पर कुसुमाग्रज की कविता समाज को नया चैतन्य प्रदान कर गई और उसके बाद के समय पर उपरोध से प्रहार करती हुई कर्तव्य तत्पर रही । समग्र अनुभव को कलात्मकता से व्यक्त करने का प्रयत्न तो किया । वह अब कुछ वैचारिक रूप में प्रकट हो रही है । नये-नये अनुभव को समेटती हुई वह आज तक बदलती आयी । इस हर मोड़ पर कुछ न कुछ नया और अच्छा उसके हाथ लग गया ।

इस प्रदीर्घ एवं विपुल साहित्य-सेवा का ज्ञानपीठ द्वारा गौरव हो रहा है इसी लिए उनके पाठक आज विशेष रूप से प्रसन्न हैं ।

—शंकर वैद्य

स्वप्न का समापन

स्नेहहीन दीपक जैसा मन्द होता शुक्रतारा
काले मेघ-खंड को अब किनारती है नीली धारा
एक-एक सपने जैसा तारा गलता है अम्बर में
रात छीजे तिल-तिल करके उजियाले के सागर में

उठा सखी, कंठ घेरे चाँदनी की अपनी बाँहें
क्षितिज-पार दिवस-दूत, देखो, आकर खड़े रहे

रात-पाँखियों के आर्तनाद नहीं सुन पड़ते हैं
भावों का गाना गाकर के झींगुर शान्ति से सोते हैं
हवा भिनसारे की आती चोरी-चोरी यों जगती पर
पाँव बजते ही जाते हैं सूखी-सूखी-सी पाती पर

छाया सन्नाटा, उदासी कैसी जमी दिशाओं में
चहल-पहल अब गरजेगी सिर्फ़ दो ही तो घड़ियों में
पातों की कोरों पर अब तो उतर आई है लो शबनम
लगता, तारों के आँसू से पूरी धरती हो आई नम

उठा सखी, कंठ घेरे चाँदनी की अपनी बाँहें
क्षितिज-पार दिवस-दूत, देखो, आकर खड़े रहे

झरता हरसिंगार है, लगता फूल चुआ, टूटी·आसें
घुली हुई हैं हवा में प्रसूनों की दबी साँसें
लक्ष्य, प्रीति, आशा की क्या हो पाती है कभी पूर्ति
हम पागल-से पूजे जाते खंड-खंड हुई मूर्ति

जाग उठे हैं जो बँधे थे बैल दूर खलिहानों में
उनकी गले-बँधी घंटी की गूँज आती है कानों में
दूर-दूर की शक्लों ने रंग-रूप पाए कुछ और
कुछ हलचल, कुछ कानाफूसी होने लगी ठौर-ठौर

उठा सखी, कंठ घेरे चाँदनी की अपनी बाँहें
क्षितिज-पार दिवस-दूत, देखो, आकर खड़े रहे

कह लेंगे हम, एक सपना देखा हमने एक रात
कह लेंगे हम, एक जुनूँ था हम पर छाया एक रात
पड़ती है कानों में अब तो भनक ज़रा उजाले की
फहराएँगी उसकी अब तो पताकाएँ जो सोने की

दूत उसके सौ-सौ हैं, वे ओकेंगे जब पिघली आगी
सखी हमीं कहलाएँगे पागल भी और अपराधी भी।

अहि-नकुल

है दिशा-दिशा में विषमय आग उगलता
वह मन्थर-मन्थर नाग झूमता आता,
फन कभी उठाता , कभी फेंक फुंकारें,
जैसे हो ज्वालामुखी अचानक जगता !

लपलपा रही तलवार लचीली जैसे,
आ गिरा गरजकर वज्र धरा पर जैसे,
रेशम का ताना, हो बाना ज़रतारी,
प्रमदा का मादक वसन हिला हो जैसे !

तिनके, पौधों के पत्ते झुक-झुक जाते,
गरदनें टूटतीं और फूल बिछ जाते,
थर्राते क्षुप, डगमग-डगमग नौबेलें
सम्राट सामने, सब गुलाम हो जाते ।

क्या शान ! गर्व क्या ! वह आगे बढ़ता है,
ज्यों धीरे-धीरे अनल-स्रोत बहता है,
या यम ने फेंका है सोने का खाँडा
जो अपनी धुन में चीरे ही जाता है !

या माथे पर नरमुंड-हार धारण कर
करती जब तांडव कालि सोम-रस पीकर
वह रुधिर-नहाई, नाची प्रेतों-ऊपर
ये गिरा खिसलकर कंगन है धरती पर !

जब मुड़ती ग्रीवा लचक-लचककर चलता,
मल्लार राग तब मूर्तिमान हो उठता,
चंचल बिजली-सा, सागर-गरिमा धारे
वह अन्तक का अधिकारी जाता बढ़ता!

ए रुको! वहाँ झुरमुट में कोई सरका,
वे रक्त-नयन जैसे अँगार हो चमका,
वे लाल होंठ, हो जैसे रक्त-पताका
आया रे, आया नकुल! नकुल वह देखा!

जब आड़ छोड़कर दुश्मन आया बाहर
रुक गया सर्प, अब बैठा गुँजलक भरकर,
आघात चंड कर धरती पर पीछे को
ले रहा मरण की आहट फन ऊँचा कर।

इक ही छलांग! जैसे कि गाज गिरती हो!
चुभ गए देह में दाँत : लपट लहकी हो!
कसता जाता था सर्प लपेटे देकर,
फुंकार, धौंकनी ज्यों अविरत चलती हो!

रण भीषण! ज्यों जल उठे अचानक पानी,
गिरते, फिरते, फिर कसते वे अभिमानी,
लगता कि जीतने राज गगन का पूरा
आषाढ़घनों से भिड़े मरुत् तूफ़ानी!

पल-भर में वह विषधार धूल में सनती,
गर्वीली छाती सौ टुकड़ों में कटती,
विच्छिन्न देह से खींच दाँत वे पैने
खो गया नकुल वन में, अब छाँह न दिखती।

संग्राम ख़त्म : जो बहे ख़ून के धारे
न्हाते थे उनमें सुख से तृण जो हारे,
जा धुनी रुई-सा नाग पड़ा था, उसको
खाने को आए कीटक कितने सारे।

कोलंबस का गर्वगीत

हज़ार जीभें तेरी गरजें प्रतिध्वनियों से
सागर, डगमगायें तारे !
विराट आँधी हिलाडुला दे पर्वत पानी के
ढाल दे दिशाकोण सारे !

ताम्रसुरा पीयें, बन जायें मत्त दैत्य नभ के
छिपा ले पाताल में सविता
और इन्हीं की यह अधिरानी भग्न करे धरणी
जला कर प्रज्ज्वलित पलीता !

स्वर्ग भुवन से हुआ बहिष्कृत प्रमत्त शैतान
पाने प्रतिशोध समाधान
जमकर सेना बैतालों की इस दरिया ऊपर
करे यह तांडव कुहराम !

अरे पदच्युत, भीषण नर्तन ऐसे चलने दे
टूटे नभ सिर के ऊपर
और टूटने दे अखंड उल्का वर्षाते अग्नि
माँझी को ना कोई डर !

दोस्तो, यह क्यों खेद, जन्म है माँझी का अपना
जूझना अखंड संग्राम
नक्षत्रों सम असीम नभ में हमें विचरना है
दिशाएँ रहें हमें धाम !

क्या सागर में नौका डाली वापस लौटाने
यही क्या है अपनी बान
उससे सुखकर समाधि जल में हम ले लेंगे, क्यों
संभालें पराभूत प्राण !..

कोटि कोटि दुनिया में जन्तु जीते और मरते
जैसे हों तृण की पाती,
नाविक हम हैं परंतु फिरते सात गगन नीचे
सर्जते क्षितिज नये, साथी ।

मार्ग हमारा रोक न सकते ना धन, ना दारा
घंर की बित्ति-भर कारा
मानवता का निशान फहरे महान सागर में
जीत लें खंड खंड सारा !

चलो चढ़ाओ शुभ्र पाल वे गर्वसहित ऊपर
कहो इस पगले सागर को
"अनंत ध्येयासक्ति हमारी अनंत है आशा
किनारा हो तुम पामर को !"

गरजो जयजयकार क्रांति का

गरजो जयजयकार क्रांति का गरजो जयजयकार
ओ' वज्रों के छाती पर लो झेलो कठिन प्रहार !
अदय शृंखलाएं बजने दो हाथों-पैरों में
लोहे का क्या ख़ौफ़ मृत्यु के निर्मम द्वारों में ?
संर्पो कस लो मज़बूती से तुम ये अपने पाश
तड़के भले कलाई, उर का पर अभंग आवेश
तड़ित घात से क्या टूटेगा तारों का संभार
कभी क्या तारों का संभार
गरजो जयजयकार क्रांति का गरजो जयजयकार !

कुद्ध भूख पेट में मचा दे दिल चाहे कुहराम
कुरेदने दो आँतें करने दो लोहू का पान
संहारक काली, देते हैं बलि ही तुम्हें आह्वान
बलशाली है अधिक मृत्यु से भी अपना अभिमान
मृत्युंजय हम ! हम क्यों मानें कोई कारागार !
अरे, यह कैसा कारागार !
गरजो जयजयकार क्रांति का गरजो जयजयकार !

अपने ही हाथों अंगारे फैला पग पग पर
ध्येय मार्ग पर अखंड दौड़े हम बेसुध होकर,
कभी न किया विश्राम हमीं ने देखा ना पीछे
कभी बांध ना सके प्रीति या कीर्ति के धागे
इक ही तारा सम्मुख था औ' पैर तले अंगार

रहा था पैर तले अंगार
गरजो जयजयकार क्रांति का गरजो जयजयकार !

वायु संग तुम जाओ सांसो, पार करो दीवार
औं' माता को समझा दो इस मन के दुख का भार
कह दो, पागल वत्स तुम्हारे, इस तम में, हे मात !
बद्ध करों से तुमको अंतिम करते हैं प्रणिपात
मुक्ति तुम्हारी–इसी ध्येय से, पागल थे अनिवार
सारे पागल थे अनिवार
गरजो जयजयकार क्रांति का गरजो जयजयकार !

फहराते ध्वज तेरा अटके बेड़ी में ये हाथ
तेरे यश का आल्हा गाते गले लग गयी ताँत
चरणों का तव पूजन करते गुनहगार ठहरे
देते जीवन–अर्घ्य तुम्हें हम पागल पीर बने
दोगी ना कुक्षि का तुम्हारी पगलों को आधार
माते, पगलों को आधार
गरजो जयजयकार क्रांति का गरजो जयजयकार !

क्यों माता, तुम अश्रु ढालतीं उज्ज्वल है तव भाल
रात्रि–गर्भ में करवट लेता भावी प्रातःकाल
आज सरण पर प्रेत हमारे जलते ही, माता,
उभरेंगे कल उन लपटों से भविष् क्रांतिनेता
खल–खल कर टूटेगा तेरे लोहदंड का भार
माते, लोहदंड का भार
गरजो जयजयकार क्रांति का गरजो जयजयकार !

अब ओंकार, तुम्हारा तांडव करो निगलने ग्रास
नाच गरजते डाल गले में बलि के अपने पाश
रक्तमांस नोचने गिद्ध वे आ आने दो क्रूर
देखो मुक्त किया है हमने इसी लिए यह उर
इन्हीं शरीरों का तुम कर लो सुखेनैव संहार

मृत्यो, सुखेनैव संहार
गरजो जयजयकार क्रांति का गरजो जयजयकार !

जाओ ज़रा पूरब की ओर !

(चीन-जापान युद्ध में हुए अत्याचार इस कविता में अभिप्रेत हैं ।)

जाओ ज़रा पूरब की ओर !
ऊसरों में कोरते क्यों एक शव तुम श्वान का
गिद्ध, तुम आगे बढ़ो
युद्ध का हुड़दंग जहाँ है गंज प्रेतों का पड़े,
जाओ ज़रा पूरब की ओर !

और नदियाँ ख़ून की बहतीं जहाँ धारोष्ण-सी
तृप्त कर लो निज तृषा,
ढेर प्रेतों का हटाने फावड़ा लगता वहाँ,
जाओ ज़रा पूरब की ओर !

गीत गाते काफ़िले ये आपके जाएँ महान
देवता संतुष्ट हैं
वर्षते उसका दयार्णव क्यों रहो तुम शुष्क-से ?
जाओ ज़रा पूरब की ओर !

वर्षते देखो वहाँ वे आग को गति से विमान,
शास्त्र की है गति महान
धूलि की औ' अग्नि की दौलत वहाँ चहुँ ओर है
जाओ ज़रा पूरब की ओर !

खड़ग खोपे तीक्ष्ण उर में वे स्त्रियों को भींचते,

और बाहर खींचते,
भोगते बाज़ार-हाटों मांस चमड़ी धूम से
जाओ ज़रा पूरब की ओर!

टेर सुनकर आर्त माँ की दौड़ता अर्भक वहाँ
ना डरे बंदूक से
और लटके संगिनी से आँत नन्हीं सुभग-सी
जाओ ज़रा पूरब की ओर!

यह कृपा है, देवता की, काल है समृद्धि का,
व्यर्थ हैं श्रमते यहाँ,
व्यर्थ मानव-रक्त की बह जा रहीं झड़ियाँ वहाँ
जाओ ज़रा पूरब की ओर!

और आते समय गाओ संस्कृति-स्तव हर्ष से
डोलने दो सब धरा,
मेघ-माला से पढ़ाओ शांति-पाठों को हमें
जाओ ज़रा पूरब की ओर!

जलियाँवाला बाग़

लहू गिरा था जो सलीब पर वह न अभी तक सूखा
देवदूत हे! शब्द न तेरा अभी तलक है डूबा
मंगल तव गीतों का गुंजन है मन्दिर में शेष
'प्रेम, शान्ति औ' क्षमा में सदा बसता है परमेश!'

किन्तु यहाँ पर तेरे झंडे हैं हाथों में जिनके
नहा रहे वे रक्त-मांस में शस्त्ररहित जन-जन के
भून रहीं औरत-बच्चों को बन्दूकें मर्दों की
बड़ी स्फूर्तिप्रद रीत यही है जगजेता के बल की

सूखे पातों जैसी लाशें तूने देखी होंगी
प्रभु! तूने निश्चय ही अपनी आँखें मींची होंगी;
शायद अब शैतान बहुत ख़ुश प्रभु को मात खिलाकर
एक और यह वार नया है यीशू! तव सीने पर!

दीपस्तम्भ

झंझाया यह जीवन-सागर—मावस की है रात
लोटपोट हो रहा लहर पर रिसियाया है वात

बादल के झुंडों में घबराकर घुटते हैं तारे
प्रतिहिंसा से मरुत् फाड़ता पालों की दीवारें

इर्दगिर्द बिखरा अयाल है लहरें गर्जन करतीं
महाकाय शीशे-सी गिरकर चूर-चूर हो जातीं

कालरात में नौकाएँ जातीं यात्रा पर ऐसे
आया आँधी की लपेट में पंख तैरता जैसे

देखो, बन्दरगाह पर खड़ा जब है रात तमस्वी
दीपस्तम्भ का प्रकाश उज्ज्वल शान्त किन्तु तेजस्वी !

निज किरणों के पंख फुला कर देवदूत यह कोई
अंधकार पर शिल्प बनाता रहा तेज का स्थायी

देखो, दूर स्तम्भ में उसकी उज्ज्वलता झलकाती
बालो सखियो, उर में अपने आशा की बाती !

स्मृति

नौ लाख दमकते दीप यहाँ बिजली के
उतरे हैं तारक दल मानो नगरी में
पर स्मरती एवं विकल कभी करती है
वह घरअंतर के मंद दिये की बात !

यह है समीर पर रजनीगंधा धुंध
निःश्वास छोड़ते, पदगति होती मंद
पर स्मरता एवं विकल कभी करता है
उस परिसर का वह एकमेव निशिगन्ध !

उद्वेलित सागर चारों ओर विशाल
तीरों पर ऊँची इमारतों का ठाठ
पर स्मरता एवं विकल कभी करता है
वह नदी किनारा और भग्न-सा घाट !

बेहोश चढ़े जाते जलसे में रंग
रुनझुनते नूपुर बने जिया निःसंग
पर स्मरता एवं विकल कभी करता है
जो मुझे सुनाया तुमने आर्त अभंग !

उर्वशी जनों का लालस यहाँ विलास
मदिरा में माणिक-सा खिलता है फेन
पर स्मरती एवं विकल कभी करती हैं
आँखें उदास वे, उनका करुण-विलास !

पृथ्वी का प्रेमगीत

चले जा रहे हैं युगों बाद युग ये
किए जा रहे सूर्य तुम वंचना
भ्रमण कब तलक दायरे में करूँ मैं
करूँ कब तलक प्रीति की याचना !

न आवेग, उच्छ्वास है वह नवेला
न बाक़ी बदन में रही आज ज्वाला
गईं बुझ जवानी की जलती मशालें
हृदय आज कोना है कालौंचवाला !

मगर बल रही प्रीति की ज्योति भीतर
बलेगी अथक सिर्फ़ अपने सहारे
न जाने कहाँ मैं चली ; इतना जानूँ
कि आगे चले तुम, मैं पीछे तुम्हारे !

सजधज के आए जो अनगिन सितारे
वे उल्का-कुसुम दिव्य बरसा रहे हैं
कहाँ किन्तु प्रतिमा ओ प्रियतम तुम्हारी
मुझे तो तिमिर-पट नजर आ रहे हैं !

गिराए जो तुमने महाशून्य में थे
उन्हीं तेजकण को बटोरे हुए वह
रिझाने को मुझको सुधाकर है आतुर
दारुण तपाचार गहते हुए वह !

प्रभा का पसारा उभारे दुआरे
        सकारे खड़ा शुक्रतारा है अविकल
करे याचना प्रीति की वह लजाधुर
        हुआ जा रहा लाज से लाल मंगल !

निराशा में संन्यास लेकर के उत्तर
        दिशा में अचल ध्रुव है बैठा हुआ
जटाएँ बिखेरे झकी धूमकेतु
        आता है जब-तब मनाता हुआ !

है देखा, है पूजा अमित तेज मैंने
        तो कैसे हो जुगनू हृदय से लगाना । ।
न लूँगी मैं ओछा प्रणय दुर्बलों का
        भले मुझको अन्तर पड़े चाहे सहना !

कभी टीस उठती तो होता है ऐसा
        कि अंगार नीचे दबा जो, दहकता
सिहर उठता तन, और सुधियों से अन्तस
        दरकता कभी औ' कभी है कसकता !

मुझे लगता बाँहों से बाँहें लपेटूँ
        मिलूँ मैं, घुलूँ रुद्रता में तुम्हारी
पिऊँ लाल अधरों की ज्वाला, आलिंगन
        उठाए व्यथा की लहर तीव्र भारी !

अमर्याद हे मित्र, महिमा तुम्हारी
        मुझे ज्ञात, मैं तो महज़ धूल का कन
अलंकारने को चरण वे तुम्हारे
        मेरी धूल का मुझको पूरा बड़प्पन !

किनारे पर

असीम सागर आगे फैला
सखी, किनारे पर हम दोनों
कोर शुभ्र बिल्लौरी शशि की
फेंके निज किरणों का जाला !

लगता जग निःशब्द चित्रसम
प्रकाश अंधियारे का संगम
क्वचित भंगती गहन शांति यह
जाता उड़ता रात-विहंगम !

अंधियारे में दिखती धूमिल
दूर नगर की टिमटिम ज्योतें
मूर्त्त दुःख ये घरबारी के
बैठे जगते अथवा जलते !

नाव क्षितिज पर वह दीपांकित
बढ़ती पश्चिम दिशि को धूसर
जथा ज्योत का निकला मानो
चला खोजने डूबा भास्कर !

छलछल करतीं धीमी लहरें
ढलतीं आकर मंद पुलिन पे
जीवन सपने ये दुनिया के
स्फुरते खिलते, फटकर गलते !

हुआ किनारे पर दोनों का
आज सखी, यह मंगल मेलन
जीवित दरिया सम, नाहीं वह–
केवल सुंदर, केवल भीषण !

तिलकजी के पुतले के पास

रेती में टेका माथा श्रान्त अधीर,
दरिया पर बहता रहता मंद समीर,
कजियारे बनते सब नभ के कंगोरे,
कोलाहल करती मन में कुछ बेचैनी !

उद्दाम निराशा तांडव करे हृदय में,
तूफ़ान गरजता जैसे बूढ़े गढ़ में,
चीरों में बैठी झींगूरों की सेना
निज आक्रंदन से गूँजाये घन रजनी ।

उस ओर मुड़ गयीं और अचानक आँखें,
भर गयी नज़र में मूरत पहाड़ जैसी,
हो गया उसी क्षण शांत शोर अंतर का
विरमते वात में जैसे ज्योति स्थिर हो ।

वह सख़्त मूर्ति औ' ढीठ मराठी ठाठ
टकराता जिस पर अब भी पश्चिम वात,
छाती अजेय वह तनी हुई रणशील
जब सागर देखे ठिठके, खाये मात ।

कंगाल झुग्गियाँ मछुआरों की नीचे
नक्षत्र-राशियाँ ऊपर असीम नभ में,
तम लांछित सागर फैला है इस दिशि में
उन्मत्त, दूर, गोपूर निकट टीले के ।

थे जीवित सारे—हाथों लिये हताश
खनंखनते जिनपर दृढ़ फौलादी पाश
        ध्वज-आरोहण की एक अदम्य मनीषा
वे जीवित थे—औ' यह है जीवन-भास !

कण क्षुद्र ले लिये सुखदुख के हाथों में,
दौड़ते हाँफते, हम जीवन के पथ में
        वायु पर डोलते, हिलते हैं पत्तों-से
विश्रान्ति धूलि में जब तक अन्तिम लभती ।

यह कैसा जीवन, यह मरणों की माला,
यह मछली झगड़े बंसी छुड़वाने को,
        दरिया पर बहती नौका भग्न चली है
क्षण नीचे ऊपर, क्षण में और रसातल !

चरण-चिह्न

उस एक रात तारों से पूछा मैंने :
"धोखा न कभी परमेश्वर को इस मन ने ;
पर तुम हो एक सनातन विश्व-प्रवासी,
क्या चरण कभी देखे हैं उसके तुमने ?"

तारे मुसकाए, फिर यह बात कही है :
"वह मुक्त प्रवासी सतत घूमता ही है ;
जो तम पर उसके चरण-चिह्न उभरे हैं—
पूछते उन्हीं से तुम, वह है कि नहीं है !'

उत्तर रात्रि में

निःशब्द शांति—यह विश्व समूचा शांत !
है अटी तिमिर है दसों दिशा में रात
        जग विराट खग-सा सिमटे अपने पंख
कुहिर में निशा के पहुड़ा श्रान्त सुशांत

अंधार भरा, अंधार बचा क्षितिजों में
घुल गयीं चराचर-रंगाकृतियाँ उस में
        उस गहन शून्य पर तैर रहे हैं तारे
बरसात क़बर पर मानो यह कुसुमों की !

रण सरा भयावह, घोष विजय के रीते
बलिकंठ बने हैं सूखे आक्रंदन से
        आशा के टुकड़े लगा हृदय से कस के
बेहोश हुए हैं दुर्भागी स्वप्नों में !

दुनिया में सोयी, बहता मंद समीर
गरजता बीच में मारे गश्त गंभीर
        इस श्मशान भू पर कोई फिरे अकेला
सारता सरण का ईंधन पगला पीर !

वह सुवर्ण यात्रा हुई घड़ी-भर स्तब्ध
बाज़ार पथों की बनी पखालें रिक्त
        विश्राम कोख से लग कर श्रम लेटे हैं
बुझ गयीं ज्योतियाँ ऊँचे रंग महल में

यह वसुंधरा सब विगलित म्लान हुई है,
आकाश सुमों का स्वप्न देखती मन में
वह निद्रामग्ना, प्रकाशवस्त्र गिरा है
सिरहाने ठिठका काल खड़ा-सा होकर !

जम जायेंगी कल ये जीवन-कणिकाएँ
भर देंगी नभ में वे कर्कश हाकाएँ
इस सूने पथ पर होंगी बहु पदचापें
दावाग्नि करेंगी भू पर सूरज किरणें !

क्यों अब भी जगते जलते जीव अकेले ?
वह देख दमकता शुक्र सितारा ऊगा
तुम त्वरित बुझाकर दाहक दीप हृदय के
विश्रान्त मित्र हो जाओ, झरती बेला !

नहीं

मुझे बोलना है कुछ
लेकिन बोलूँगा तो नहीं
देवल के द्वार पर
भक्ति तोलूँगा ही नहीं ।

कल्पकुसुमों की गंध
मेरे अंतर में अटे
पर पंखुरी उसकी
कभी खिलेगी ही नहीं ।

नक्षत्रों के नगर का
मैंने गुन लिया राज़
पर अक्षरों का साज़
उसे मिलेगा ही नहीं ।

मेघ जामुनी अकेला
रहे नभ के किनारे
राज़ उसका कोई भी
कभी जानेगा ही नहीं ।

एक जहाज़ चँदेरी
दूर बंदर में खड़ा
कोश उसका किनारें
कभी लगेगा ही नहीं ।

कृपाकटाक्ष से तेरे
धनी बना दावानल का
उसके अंगारे में कभी
तुम्हें जलाऊँगा नहीं ।

ख़ाकी

ख़ाकी का यह ऐसा ही मन–
सारतम्य या विज्ञता का
विचार जहाँ तिरोहित होता है ।

ख़ाकी की यह देह ही ऐसी
पृथ्वी में ऐंठे हुए सारे तनावों को
क्रूरता से तोड़ कर अपने आप
उन्माद के ऐसे क्षण में
मर जाती है...

संसार की सीमा पर
बर्फ़ के मृत्युमय तट पर
देखो वह गाढ़े लाल ख़ून की धारा
बह रही है
स्फटिक पर धूप में धूमिल
अविवेक का गर्भ लाल
उत्सवता से
नहा रहा है ।

ख़ाकी का ऐसा ही यह मन
हिसाब उसने किया नहीं था
लाभ रुपयों का
कितना होता है हर महीने

नक़्शे की रेखाओं के लिए
अस्तित्व का हवन
        व्यर्थ क्यों

व्यर्थ क्यों काठीपर
फहराने वाले कपड़े के लिए
जला लिया जाय
क्यों न करें गहन विवेचन
आस्मान के आदर्श का
शब्दों का मकड़ी-जाला बुनते हुए
दूरस्थता की ओलती में
        क्यों न बैठा जाये ?

ख़ाकी के ये ऐसे मनुष्य
मनुष्यता से गद्‌गद् होना
उन्हें जमता ही नहीं
हज़ार मीलों पर देखो वह घोंसला उसका
करुणा का धूप-टुकड़ा उस अंधेरे में
        घुसता ही नहीं ।

देखो वह बेचारी कोई
चूल्हे की लपटों में खोंप कर अभाव आँखें
पागल-सी एकटक
        देखती रहती है
ओसरे पर वह बूढ़ा
हाथ हवा में घुमाता है
        लकड़ी उसको
        नहीं मिलती

दो चिड़ियाँ वे अशब्द बैठीं
पिछवाड़े नीम के नीचे
पंख किसी का उडने के लिए

खुलता ही नहीं

इन सब का विचार उसने
बर्फ़ पर गिरते समय
किया कुछ ?
नहीं...नहीं...बिलकुल नहीं ।

यह चंद्र

उस चंद्र का इस चंद्र से
ज़रा भी नहीं रिश्ता
उस चंद्र पर—
बैठे अन्तरिक्ष-यान पर
बंदर मानव कुत्ता
जा सकता है ;
इस चंद्र को
राह न कोई
स्थान न कोई निश्चित
यह भी है सम्मानित अधिकारी
नभ का
लेकिन—
लक्ष मनों की इंद्रगुहाओं में
रहे भटकता ।

बड़ा ही नटखट
ढोंगी नटुआ
निंबौरी के झाड़ के पीछे
छिपता है यह बच्चों जैसा
पीन स्तनों की घाटी में कभी
मसला जाता फूल की नांई
बृहस्पति-सा करता चिंतन

भग्न मंदिर पर
कभी बावला डूबा ताल में
थरथर कँपते देखे अंदर से,
तट गुम्बद पर
चढ़ता है कभी
कभी पनघट पर फिसला पड़ता है
विदूषक जैसा,
कभी किसी के घर के छाजन से
नीचे आ कर शय्या पर बैठे
कमलपलक छू कर हौले से
घुसता है नयनों में,

कभी किसी की मुक्त मनस्वी प्रतिभा हेतु
द्वारपाल बन कर दुनिया का
रहस्यता का द्वार खोलता ।

ऐसा चंट और घाघ विलक्षण
धन्धीफन्दी
इस चंद्र का
कैसा नाता उस चंद्र से ?
उस चाँद पर
सीढ़ी लगाकर विज्ञानों की
चढ़ सकते हैं शास्त्रज्ञ
इस चंद्र को
कभी-कभी क्षण-भर ही कोई
रसिक हृदय से
धर सकता है
जल में या दृग में केवल ।

नदी

सब की तृषा शमन करनेवाली यह नदी
स्वयं है तृषित अनादि काल से
और रहनेवाली है ऐसी ही
अनंत काल तक ।

पी डालती है वह
तीर पर खड़े अजस्र कठोर वटवृक्षों को
और उनके पैरों के पास थरथराने वाली
भीरु कोमल नयी घास को भी ।

पी जाती है वह
घाट पर खड़े विशाल देवालय
और उनकी सीढ़ियों पर टिमटिमाती
ढीठ सुनहली ज्योतियों को भी ।

अधीर होंठों से वह सेवन करती है
आस्मान में भ्रमण करनेवाले तेजवान नक्षत्र
और उन तेज के गोलकों को आश्रय देने वाले
गूढ़ सनातन आकाश को भी ।

पी डालती है वह भुक्कड़ की तरह
संधिकाल की रंगीन मेघों की शोभायात्राओं को
और उत्तर रात्रि के उदर से चूने वाले
भयावह निराकार अंधकार को भी ।

इतना ही नहीं
पी डाला है उसने
संसार से अदृश्य हुआ सारा अतीत
(और मुझे लगता है)
हमारी दृष्टि को आज अदृश्य रहनेवाले
समूचे भविष्य काल को भी ।

चाक

राह तुम्हारी
रथ भी तुम्हारा।
बँधा मैं रथचक्र से यहाँ
दौड़ रहा हूँ।
जब तक मैं यह मान रहा हूँ–
तब तक
तब तक
तब तक सारे
उसी चक्र के नीचे–
मेरे नभोगतों के नील पंख ये,
कुचल रहे हैं,
तब तक
पदधूलि पर तुम्हारी
रेख बनेगी
मेरे लहू की,
तब तक
मम हस्ती का अपूर्व स्पंदन
सूरज कुल के इस गोलक पर
चिरता होगा
जब तक
जब तक मेरे उर में

चक्र तुम्हारे रथ का फिरता
रहता है यह
तब तक...

ताजमहल

है इन्द्रजाल फैलाता चाँद गगन पर,
जो लहराता है हास्य धरा के मुख पर
वह मूर्तिमान होकर यमुना के तीरे
है खड़ा हिम धवल अतिविशाल सँगमरमर ।

या देवदूत फूलों के पर फैलाकर
बैठा है गिनता कण शतियों के तट पर
देता है स्वर्णोपासक यह सन्देसा :
'है कला मात्र धन अमर यहाँ धरती पर ।'

या कालिन्दी में करने को जलकेली
है रूपगर्विता यक्षी इक अलबेली
निर्वसना उतरी, देख रही दर्पण में
लावण्यमयी निज खिलती यौवन-बेली !

या कविता मनहर, बहुत मज़े की जैसे,
हों प्रास समान खड़े मीनारों जैसे,
ऊपर बैठा कल्पना-कलानँद पाँखी
नीचे समाधि में लीन करुण रस जैसे !

या रात पूनमी, तड़ाग अमृत जैसा
कर जलविहार हो राजहंस ढीला-सा
ज्योत्स्ना-मधु से भरता धरती का प्याला
उसमें तरंग यह तैरे मोती जैसा !

जो उठा गूँजता अनगिन के मानस में
संगीत प्रीति का उज्ज्वल मादक सुर में
        यह मृदुल पंक्ति हो उसी मधुर गाने की,
जा रही एक युग से हो दूजे युग में !

या अन्तरिक्ष का थाहरहित कासारा–
ग्रहनखत-कमलदल विकसा सारा, सारा
        इस भू-उत्पल की एक पाँखुरी पर है
यह बिन्दु ओस का विलसित विमल रूपहला !

यह अमर मनुज प्रतिभा अपनी शोभा में,
कुछ उन्मनता शायद सर्जक के मन में,
        सपने में देखा इन्द्रमहल, तो उठकर
साकार कर रहा सपना धवल शिला में !

या अनृत मात्र यह प्रणय पुरातन का है
है देव असत्, पर महान यह देवल है
        ऊपर उदात्तता की स्वर्गिक मीनारें
पर देह-लालसा हीन छिपी नीचे है !

नारी, फिर अबला ! इक अपराध यही है
कामान्ध शाह की जो बस सेज रही है
        ऐसी कितनी जो लाया खींच हरम में
है वह अनात्म ही, मदन अनंग नहीं है !

यह क़ब्रिस्तान उन सौ-सौ अनामिका का
यह निधान करुणामय निर्बल आंसू का
        मख़मल के मसनद जैसा उनका जीवन
हो जाता है बलिदान सेज पर जिनका !

कौन

बैठा था सुनसान रात में
सुनी द्वार पर मैंने ठकठक
द्वार खोलते सरका कोई
अंदर व्यक्ति
देखा, बारीकी से समझा
निजी हू-ब-हू प्रतिमा मेरी
वह थी दूजी ।

घबराया मैं, ठिठक गया मैं
पूछा उससे कौन-किसलिए—
शिष्ट हास्य करता वह बोला
प्रेत तुम्हारा हूँ मैं !
विगत काल की क़ब्रगाह का
वास हो गया असह्य मुझको
इसीलिए आया मैं,
जहाँ हमारा मालिक रहता
वहाँ सहारा मिलना हम को

पिशाच लेकिन था वह मेरा
अपनेपन से कर के स्वागत
गप्पें दोनों बीच हो गयीं
टूट गया अंतर दूरी का
स्मृतियों का अध्याय बाँचते

फटा कलेजा
कभी उबलते विवाद-झगड़े
बंदिवान शेर-से खौलकर
चिढ़कर बोले परस्परों से
स्वर भी ऊँचे-तीव्र बन गये

आखि़र होते भोर, चल पड़ा
एक निकलकर हम दोनों से
गया कौन औ' रहा कौन है
अब यह मुझको जीवन-भर का—
कूट बना है ।

फेरीवाला

आया है यह पुकार करता
        आया फेरीवाला
लेकर दुनिया के बज़ार में
बहुविध माल मसाला !
आया आया फेरीवाला !

भेस ले लिया यति का इसने
मुद्रा पर भी अथाह प्रीति
नयनों में ऐसी उदारता
दे आमंत्रण अशेष जग को
        आओ रे संकोच तुम्हें क्यों ?
        आया आया यह फेरीवाला !

वामन गति से यह सौदागर
राह चल रहा अधीर आतुर
इसी देश से उसी देश पर
अपक्ष होकर रखता पग को
        अवसर सब को देता
        आया आया फेरीवाला !

रुक कर करता पुकार द्वार पर :
आओ सुजनो, सोने का दिन
अमूल्य मेरा माल, न दो धन

रक्त मांस यह सस्ता बिकता
निशंक हो कर लूटो !
आया आया फेरीवाला !

देखो यह घट, उसमें शोणित
मृत हो कर भी उफन रहा है
उमदा युवकों का यह जीवित
समरांगण पर निचोड़ उसका
घड़ा भरा यह ताज़ा !
आया आया फेरीवाला !

इस कुप्पी में जल है कोमल
अगणित अबलाओं के आँसू
मौज देखिए, आहट पाकर
कंपित होती बूँदें भय से
स्वभाव अब भी कैसा !
आया आया फेरीवाला !

मंजूषा में राख मनोहर
उदात्त सोज्ज्वल नैतिक नागर !
आग बरसते सुखमय घर पर
गलबहियाँ ले चले, जल गये,
उनका मिश्रित मेला
आया आया फेरीवाला !

सहज राख में उंगली सारो
गृह-सुख का मधु स्पर्श गरम-सा
फँसा हुआ इसमें बेचारा
अदग्ध आशा के काले कण
लगते अब भी कर को !
आया आया फेरीवाला !

जुना पुराना नहीं चाहिए
तो देखो संदूक दूसरा
ललाट-रेखाएँ मुन्नों की
खिलने के पहले टूटीं ये
माल किसी को मिलता ?
आया आया फेरीवाला !

यह बरनी ? है संस्कृति इसमें
जमी हुई शतकों शतकों की
कुछ भी ले लो, उसे जोड़कर
मुफ़्त ज़रा-सी ले लो, ऐसी
कहाँ किफ़ायत बोलो ?
आया आया फेरीवाला !

लेकर दुनिया के बजार में
अपना माल मसाला !
आया आया फेरीवाला !

ऐसे क्षण में

आख़िर है पहचान ही अपनी जीवन मेरा
तम मेरा, दीपक भी मेरा, जलना मेरा

लेकिन ऐसे क्षण आते हैं
पास खिड़कियां खुलतीं लाखों
और उठा लेते रास्ते से
कुछ प्रकाश को, कुछ मिट्टी को

पुनः विवर में चलता जलना वही पुराना
लेकिन उस ज्वाला में खिलता नया जानना

केवल

रास्ते पर की इस टहनी से
लग कर खुत्था * चीर पड़ा है
नाम तुम्हारा

रास्ते पर इस किसी नदी ने
खींच ले लिया वस्त्र की तरह
गाँव तुम्हारा

प्रान्तर के इन पांच भूतों ने
नोच-नोच कर तुड़वा दी है
झाँकी तुम्हारी

केवल नभ में मेरे मन के
स्त्रीत्व रहा नभगत ज्वाला-सा
प्रखर तुम्हारा

* पेड़ काट लेने पर जड़ का ऊपरी भाग, ठूंठ

जवान

वह मृत्यु की महानदी पर
काले काले जल के तीरे
जीवन फ़ौलाद से जोड़कर
सदा खड़ा है–

अरराती हैं जभी अंग पर
दावानल की भूखी भीतें
पहाड़ बनकर पर तीरे का
श्रेय देखता–

निर्दयता से तोड़-फोड़ कर
पाश परों का मृदुल घोंसला
संध्या के नभ के पंछी-सा
इक ही रहता–

दान हटा कर वह दृढ़ता से
सांसारिक मिट्टी के मांसल
भागवतों की असंगता का
तिलक लगाता–

वेतन ले कर कुछ रुपयों का
रक्त धार से लिखे पावती
मुहर लगाये सब जीवन की
हमें दान दे–

वह है, यह सब इसी लिए है
संस्कृति का यह नील चाँदवा
लाख रोप कर खंभे डोरे
जमीन धरता ।

घर

मंज़िल पर
ऊपर की
ना ही बस्ती
बंद खिड़कियाँ
द्वार सभी
फिर भी
वहाँ
मध्याह्न
रात को
दालानों में चार
धीमी
आहट
किस के क़दमों की ?

मंज़िल पर
ऊपर की
ना ही बस्ती
ना दिखे
प्रकाश में
दिन के
कुछ भी,
लेकिन
तम पर

रात्रि के
नील प्रभा का
दीया किस का
जलता रहता है ?

मंज़िल पर
ऊपर की
ना ही कोई फिरता
ना आमदोरफ़्त
ना देखभाल
फिर भी
वहाँ
उत्तर रात्रि में
किस का स्वर
सारंगी पर
गाता है गीत ?

भाव-मोहन

दो पलकों में छिपा हुआ क्या,
        बात कौन-सी गहराई है !
दो अधरों की पंखुड़ियों पर
        कैसी शबनम ठिठुराई है !

बातें रस्सी इसी लिए तो
        शब्द टूटकर बिखराए-से,
क्षण नीरव, रीते युग जैसे
        कितने लम्बे हो आए-से ।

नयन-नयन से मिले कि तुमने
        ज़रा-ज़रा सहलाए कुन्तल,
कुछ-कुछ कम्पित कर से अपना
        खिसका हुआ सँभाला आँचल ।

पसोपेश वाले गालों पर
        स्मित के रँग कुछ हुए सजीले,
शब्द झाँकते अधरों से कुछ
        घबराए-से और लजीले ।

खड़े जहाँ, संकोच वहाँ पर
        डाल रहा अपनी परछांई,
तब न उषा की इँगुरी रंगत
        बादल-दल के बीच समाई ।

मत कहना तुम, कभी न कहना
जो मन कहना चाह रहा है,
ऐसे परम भाव-मोहन का
शब्दों में तो विलय रहा है ।

नकार

भक्तों के जयघोषों में
मंदिर की ओर चल रहे
रथ के
चक्र को
किस का ख़ून...
लगा है ?
माफ़ करो
जयघोष करने वालो,
मेरा मन
तुम्हारी तरह
उस चक्र के साथ
मंदिर की ओर नहीं जाता :
वह जा रहा होता है
रक्त की उस रेखा के साथ
पीछे
पीछे ।

आदिवासी

जंगली मैं आदिवासी
राह में इस विचरता हूँ ।
ओघ जिस पर रूप सुंदर
वाहनों का बह रहा है ॥

सींचता मैं चिह्न जंगली
घास मिट्टी राह पर ।
फन निकाले
संस्कृति के नयन भरते रोष से ॥

मैं खड़ा दूकान पर
तारक लिये भर थैलियाँ ।
पूछता हूँ दे सकोगे
स्वप्न मुझ को मृदुल सुंदर ?

हास्य करते क्रोध करते
धिक्कारते वे बोलते ।
बर्बर अरे, मुद्रा यहाँ
चलती नहीं है तारकों की ॥

मेला

विद्युत्-स्रोत ज़री के रंगी
यहां वायु को सज्जित करते
कितने खेल, दुकानें कितनी
भावहीन वे लकदक करतीं ।

महफ़िल जमती कहीं स्वरों की
तंग कहीं किमख़ाबी नर्तन
जादूगर मणियार जौहरी
दर्शन से ही हर जाता मन ।

हाथ छुड़ा कर रहा दौड़ता
स्वैर दौड़ता बच्चों जैसा
यहाँ तिरोहित वहाँ प्रकटता
गिरि घाटी के निश्छल जल-सा ।

इतना दूर कभी जाता हूँ
हाथ तुम्हारा देख न पाता
केवल कातर हाँक दूर से
चूती है मेरे कानों पर ।

कैसे सहूँ चपलता—इसकी
व्यथा जानता हूँ तव, मन से
अगतिक लेकिन ऐसी स्थिति में
पूर्णतया मैं बिक जाता हूँ ।

मेले की भी होती आख़िर
विद्युत् रेले बुझ जायेंगे
इंद्रपुरी भी ढँक जायेगी
तम में शेष रहेंगे तारे ।

नदी किनारे राह रहेगी
भयदायी अंधेरी निर्जन
ज्ञात मुझे, यह साथ किसी का
वहाँ नहीं है निश्चय तुम बिन ।

दुशाला

बर्फ़ से अटा पड़ा यह प्रारंभहीन दिगंत प्रदेश
क्षितिज की सीमा तक दिखता नहीं कुछ भी,
सिर्फ़ बर्फ़ ।

रूपरसगंध के समस्त समुद्र जमाने वाली
अनंत रहस्यों के द्रव अपने निःशब्द में संचित करने वाली
जगत्-युगों की सीमाओं को भाव-शून्य स्मिति में शीलित करने वाली
केवल बर्फ़ ।

इस बर्फ़िस्तान के मध्य पर उगी वह नन्हीं-सी चंद्रशाला
सात रंगों की सहस्रों शलाकाओं को अंतराल में बिखेरने वाली
रूपनगर की राजकन्या ।

इस शिल्पफूल ने दी है उस सार्वभौम बर्फ़ को पराजय
और फेंका है उसकी नग्नता पर कलाबत्तू का दुशाला
नाम का
अस्तित्व का
और अर्थ का भी ।

देना

माटीपन मेरा
        मिटाये नहीं मिटता
आकाशपन मेरा
        हटाये नहीं हटता,
आकाश माटी के
        इस संघर्ष में
मेरा ज़ख़्मों का देना
        चुकाये नहीं चुकता ।

प्रेमयोग

प्रेम—
किससे किया जाय ?
किसी से भी किया जाय ।

प्रेम—
राधा के वत्सल स्तनों से किया जाय
कुब्जा के बेडौल कूबड़ पर किया जाय,
भीष्म-द्रोण के थके-मांदे
पूज्य चरणों से किया जाय,
दुर्योधन-कर्ण के अभिमानी
अपराजित मृत्यु से किया जाय,
प्रेम किसी से भी किया जाय ।

प्रेम—
सुदाम नामक ब्राह्मण से किया जाय
अर्जुन नामक राजेन्द्र से किया जाय,
बाँसुरी से झरते हुए
सात स्वरों की चाँदनी से किया जाय,
यमुना के नद को ज़हरीला बनाने वाले
कालिया के फन से भी किया जाय,
प्रेम किसी से भी किया जाय ।

प्रेम—
रुक्मिणी के लालस होंठों से किया जाय

वक्रतुंड के हास्यास्पद उदर से किया जाय,
गाय के नेत्रों में तिरती
अथाह करुणा से किया जाय,
मयूर के पंखों में समाये
अद्भुत लावण्य से किया जाय,
प्रेम हृदय के रिश्तों से किया जाय
और खडग की धार से भी किया जाय,
प्रेम किसी से भी किया जाय ।

प्रेम–
गोपियों की मादक लीलाओं से किया जाय
पेंधा की तुतली बानी से किया जाय
यशोदा के क्षीर से–
देवकी के अश्रुओं से–
प्रेम बलराम के कंधों पर टिके
हल की फाल से किया जाय,
कंस के कलेजे में समायी
द्वेष भरी लपटों से किया जाय,
जिसकी रक्षा करनी हो
उससे तो किया ही जाय,
पर जिसे मारना हो
उससे भी किया जाय,
प्रेम किसी से भी किया जाय ।

प्रेम–
योग पर किया जाय
भोग पर किया जाय
और उससे भी अधिक
त्याग पर किया जाय ।

प्रेम–
चारों पुरुषार्थ की मस्ती में डुबो देने वाले

जीवन के द्रव से किया जाय,
और व्याध के बाण से घायल
वन में अकेले पड़े
ख़ुद के शव से भी किया जाय,
प्रेम किसी से भी किया जाय ।

क्योंकि—
प्रेम है मानव की
संस्कृति का सार
उसके इतिहास का निष्कर्ष
और भविष्यत् काल के
उसके अभ्युदय की आशा
एकमात्र !

रीढ़ की हड्डी

"पहचाना क्या मुझको सर ?" बारिश में गूंजी वाणी
मैले मैले-से कपड़े थे बालों पर था पानी
क्षण-भर बैठा, हंसा, बाद में बोला ऊपर देख :
"गंगा मैया पाहुन आयी, नीड़ में रहकर नेक,
मैके आयी बेटी जैसी, घर में नाची, रही
ख़ाली हाथों जाये कैसे–पत्नी ही बच गयी–
चूल्हा बुझा, ढही दीवार, समेट ले गई पूरा
प्रसाद जैसा पलकों भींतर पानी थोड़ा भरा–
बीवी जी को साथ लिएं मैं जूझ रहा इस बेला
खड़ी कर रहा हूँ दीवार, निकाल रहा हूँ मैला"–
जेब की ओर बढ़ता हाथ देख कर हँसने लगा
"पैसे नहीं चाहिए सर, अकेलापन लगा–
टूट चुकी है गृहस्थी मेरी, रीढ़ न टूटी पर
रखकर हाथ पीठ के ऊपर 'लड़ो' कहिए सर !"

दाँव

गोधूलि के कोहरे में
कमर पर कलश धरकर
माथे पर सिंदूर लगाकर
चल पड़ीं तुम ।

देख देख कर राह
पथराईं आँखें मेरी
मुड़े डरे से क़दम
नदी की ओर ।

ज्ञात हुआ तुम्हारा दाँव
कलश गिरा तीर पर
कुंकुम की रेखाएँ चार
जल पर ।

संभलकर

सॉक्रेटिस के प्याले का विष
यहाँ गिरा है ।
गौतम गाँधी के करुण अश्रु
सिंचित ये हैं ।।

रक्त येसू का बहा सूलि से
इस भूमि पर ।

दलदल में इस यात्री, रखना
कदम सम्भल कर ॥

यौवन

ऐसी हठ की
एकांतिक भी
बंजर भाषा
क्यों की जाये

स्वप्नों के नव
गेंद गुलाबी
तव सिरहाने
फूल रहे हैं

ऐसी ही है
यौवन-यात्रा
शूल व्यथा के
उर में ढोयें

जलते ज़ख़्मों–
पर स्मितियों का
जल गुलाब का
सींचा जाए।

लो जख्मों को
दो ज़ख़्मों को
व्यर्थ विवेचन
क्यों हो उसका ?

मुलाक़ात यदि

अटल अग्नि से
कीर्तन क्यों हो
व्यर्थ धुएँ का ?

उदयाचल पर
लाखों कल की
भोर मंद-सी
जाग रही है

तुम्हारे लिए
लक्ष सूर्य के
गर्भ सौख्य से
झेल रही है ।

सूर्यपुत्र

बिना बाप के
सारे अनौरस अपत्यों में
मैं हूँ—सर्वश्रेष्ठ
सूर्यपुत्र,
सूर्य और पृथ्वी के बीच के
किसी एक अज्ञात संकेत से
हुआ साकार

हाँ,—मुझे जन्म दिया होगा
किसी पुरुष के वीर्य ने
पर गर्भ के तम में
लज्जास्पद होकर पड़ा
वह अस्तित्व
लाख पंखुड़ियों से हुआ साकार
हुआ तेजोमय
—आपके व्यवहारी जगत् के बाहर रहने वाले
सूर्य के आशीष से
और धरती की ममता से

इसलिए
ऐसे ही कानूनों को मैं मानता हूँ
जिनका जन्म
मानव में या

मानव-समूह में नहीं
बल्कि रवि के प्रकाश में
और पृथ्वी की ममता में
हुआ है,
सिर्फ उन्हीं को ।

बूढ़ा कह रहा है...

भीख आयी भीख
आँखें पोंछ कर बाई
थोड़ा-सा तो सीख ॥

तेरे लिए धोती आयी
मेरे लिए कुर्ता आया
अनाज आया, पैसा आया
साहब से रोना आया
उसके लिए घर पर भी
कुल्हाड़ी हँसिया झड़ना चाहिए
रास्ते पर रकत ओक
पेट का बच्चा गिरना चाहिए ॥

भीख आयी भीख
आँखें पोंछ कर बाई
थोड़ा-सा तो सीख ॥

पाव आया बिस्कुट आया
बर्तन आया चूल्हा आया
कम्बल आया, चद्दर आयी
भलाई को फूल आया
उसके वास्ते कलेजे की
माया कुछ छँटनी चाहिए
मवालियों के बोझ तले
लाडली बेटी फूटनी चाहिए ॥

गीदड़

आसमान
लाल भड़कीला
रक्तरंजित मांस खंडों से
खचाखच भरा हुआ—
और
ज़मीन पर
उस आकाश की ओर
एकटक देखते
गीदड़—
निश्चल
असंख्य
इस क्षितिज से
उस क्षितिज तक ।

वही जाने

त्वष्टा ने
कातकर निकाला सूर्य
संज्ञा के संतोष के लिए
अपने ही बढ़ई के चक्र पर,
वैसे ही कात रहा है मुझे
सूर्य
काल के करवती चक्र पर
और फेंक देता है
मेरी अनगिनत फाँकें
सहस्र स्थानों पर
करोड़ों क्षणों पर ।
पलों छिनों से काता हुआ मैं
अनेक स्थलों से निगला हुआ मैं
असंख्य घटनाओं से तोड़ दिया गया मैं
शेष कितना बचा हूँ ?
सूर्य ही जाने !

चिड़िया

शाख़ पर चिड़िया
भूरी सफ़ेद
चूँ-चूँ करती—

मेरी ओर देखती
नभ की ओर देखती
चूँ-चूँ करती—

शाख़ पर चिड़िया
भूरी सफ़ेद
रुमझुम नाचती
मन मेरा घीसता—

चिड़िया का आना-जाना
आकाश में होता है
तभी उसे बहुत कुछ
ज्ञात होता है ।

अनुप्रास अकाल का

धूप में तपी गिट्टी
तोड़ने से टूटती नहीं
स्तन से चिपका बालक
छोड़ते छूटता नहीं
ऊंगली से बहता ख़ून
रोकते रुकता नहीं
बाई तोड़ती रही
बाई टूटती रही ।

प्रार्थना

जब महापुरुष मरते हैं
तब
जगह जगह के संगमरमरी पत्थर
जग जाते हैं
और चौराहे पर शिल्प में
उनकी आत्माओं को चिनकर
उन्हें मार डालते हैं
फिर एक बार... शायद हमेशा के लिए ।
इसलिए–
महापुरुष की मृत्यु होती है
दो बार,
एक बार शत्रु के द्वारा
और फिर भक्तों के द्वारा ।
ऐसी संगमरमरी मृत्यु तुम्हें न मिले
इस शुभ दिन पर यही मेरी आंतरिक प्रार्थना ।

हे नभ !

नभ, तेरा अस्तित्व गांव में
मेरे भी, उसके भी
ज्ञात तुझे है पूर्ण कहानी
हे नभ, पहले से ही

ऐसा अंतर अपार रहते
एक नीलिमा तेरी
दूरी में ही एकरूपता
रखती सजग हमारी

घन केशों में उसके वत्सल–
हाथ फेरकर अपने
कह दे उससे, दूर यहां भी–
रात लगी है जमने ।

आनंद-लोक

मेरे आनंद-लोक में
चन्द्र नहीं डूबता
दरिया अथाह प्रेम का
तूफ़ानी नहीं बनता

मेरे आनंद-लोक में
घर बसाया वसंत ने
हर आम की शाख़ पर
फूटे कोयल को स्वर

सात रंगों की महफ़िल
बहती इन हवाओं में
यहां नाचती है मृत्यु भी
मोरपंख से सजकर

जाग

सूर्यास्त की
ये चार किरणें
खोंट लाया हूं मैं,
आज की
भयावह
तूफ़ानी रात के लिए ।
वे नहीं देंगी प्रकाश
नहीं जलाएंगी दीप
वे सिर्फ़
जागृत रखेंगी
कल का
सूर्योदय
तुम्हारे और मेरे
मनका ।

पेड़

तुम ही हो वर्षा
तुम ही हो धूप
मैं सिर्फ़ एक पेड़
आस्मान में चिना हुआ
तुम्हारा वर्षाघात
तुम्हारा धूपाघात
तुम्हारी आंधी
देह पर सहते सहते
थका हुआ ।

अन्यथा

दर्शन उसका विवेचन करेगा
लेकिन कविता उसका अन्वेषण करती है ।
क्योंकि
वह और हम
दोनों के बीच का संबंध
नहीं होता मीमांसा का,
वह है सिर्फ़
काव्य का—
और इसी लिए
बेबल के सनातन मीनार में
जब नेति-अस्ति के विवाद
छेड़ते रहते हैं मीमांसक
तब—
केवल कवि के लिए
वह करता है अपना सारांश
इंद्रिय सुंदर रूप में
सृष्टि से नीचे उतरता है,
रहस्यदुर्ग की उग्र छायाओं से
पहरों को चकमा देते हुए खिसकने वाले
कलंदर राजपुत्र की तरह,
और
कवि के संवादी हाथ में हाथ डाल कर

रागदारी के महत्तम स्वर की तरह
भ्रमण करता है
अस्तित्व की समूची सरहदों तक।
—अन्यथा
तुकाराम का अभंग
संभव ही न होता।

अभिनेता

नान्दी-गायन के बाद
परदा उठा
तब मैं भरा-भरा था छलकने तक
हज़ारों रंगबिरंगे शब्दों से ;
बदन भर घहराते
अनगिन आविर्भावों से,
भय से, अभिलाषाओं से, आकांक्षाओं से;
और अब
भरतवाक्य के समाप्त हो जाने पर
सारा प्रेक्षागार ख़ाली हो चुका है
और मैं खड़ा हूं प्रयाण की तैयारी में
जिसका नहीं उल्लेख नाटक की पांडुलिपि में...
खड़ा हूं मंच पर, अकेला,
सामने फैले प्रेक्षागार-सा पूरा ख़ाली-ख़ाली ।

मेरे कहे
कुछ शब्द अभी तक
प्रेक्षागार की धुमैली
मन्द प्रकाशित हवा में
धुनी कपास जैसे
लहरा रहे हैं,
मेरे कुछ आविर्भाव
रीती कुर्सियों के हत्थों से

सटे बैठे हैं,
मुझसे आविष्कृत
हर्ष-विमर्ष के क्षण,
बारिश से डालियों पर रखी
बूंदों की मानिंद
दीवारों के कोनों में
लरज़ रहे हैं
अभी तक।
दिलासा यही एक
मेरे ख़ालीपन का।
नाटक समाप्त हो जाने का अफ़सोस—
वह है ही।
नाटक नहीं, तीन घंटोंवाला
एक साररूप अस्तित्व
समाप्त हो चुका है।
पर, जो समाप्त हो चुका है वह सिर्फ़
यहां—मेरे पास।
मेरे उस अस्तित्व की
कणिकाएं बटोरकर
हज़ारों दर्शक लौटे हैं अपने-अपने घर;
मैं था एक जो
अंशों में हज़ारों के जीवन में—
शायद स्मरण में भी--
बांट दिया गया हूं।

कुर्सियां

उस प्रचण्ड दर्शकदीर्घा में
अकेला मैं
स्टेज पर खड़ा रह कर
सामने देख रहा था–
कुर्सियां... केवल कुर्सियां...
अस्तित्व के छोर तक
क्षीण होते जाने वाले उजाले में
सिर्फ़ कुर्सियां...
ख़ाली...
और सो भी सचेत,
अभी अभी उठ गये मनुष्यों से भी
भयानक सचेत,
अपना ही एक इंद्रजालिक विश्व
निर्मित करने वाली
क्रूर...
स्टेज की ओर टकटकी लगाकर देखने वाली
निःशब्द... निर्दय...
हज़ारों मनुष्यों के क्लेवर
दर्शकदीर्घा के दरवाज़े के बाहर
फेंक देने वाली...
राक्षसियां...
जगह से उठ नहीं रही थीं

कसकर बैठी हुईं
और फिर भी फैलती जा रही थीं
समूची हवा में
द्वेष से जिससे कोई समझौता नहीं होता ।

मैं झट से विंग में गया
और जाते जाते सुना
हास्य का एक प्रचण्ड स्फोट
ग़लीज नफरत से
निथरता हुआ,
जो था मेरे लिए
और उन सब के लिए भी
जो कुर्सियों पर बैठ कर गये थे
अतीत में
और बैठने वाले थे
भविष्य में भी ।

संत

(बाबा आमटे के लिए)

'जब साधु संत आये घर
वही दीपावली, वही दशहरा'

आज है महोत्सव मेरे शब्दों का
व्याकुल हैं मेरे निरर्थक नभ पर
सहस्रों वारकरी नेत्र
        तुम्हें देखने के लिए
मेरे घर के अकेले पड़े आंगन पर
बैठे हैं नीले पंछियों के समूह
        तुम्हारी राह की रज
        अपने पंखों पर ढोने के लिए
आकाश का मन समझा नहीं जा सकता
        जब तक वायु बन कर मुक्त न हुआ जाय
प्रकाश के देवालय में जाया नहीं जा सकता
        जब तक दीप बन कर भक्त नहीं हुआ जाये
इसलिए कुछ वायुत्व
कुछ दीपत्व
स्वीकारा है मेरे जिराअत अक्षरों ने
तुम्हारे ही मेघशील जीवन से
तुम्हारे स्वागत के बंदनवार पर
        तोरण लगाने के लिए ।

लुहार की भट्टी में से एकाध कलंदर चिनगारी
उड़ान भरती है आस्मान में खोयी-खोयी-सी
काल के परमाणु में ही सही
लेकिन छोटा-सा सूर्य बनने के लिए
क्षण-भर शान से जलने के लिए
फिर अनंत काल तक बिना संकोच के बुझने के लिए ।
वैसा ही है मेरे शब्दों का–
क्षण से सना हुआ यह बड़प्पन
        वैसे देखा जाय तो तुम कौन
        और मैं कौन ?
कोसों के ही नहीं दुनियाओं के फ़ासले से
विभाजित दो अनजान यात्री ।
और फिर भी–
मेरे सामने वाले लौह मज़बूत अंधेरे में
        बनती हैं कभी कभार दरारें
और उनमें से देखता हूं मैं स्तंभित हो कर
स्वप्न में पिघले हुए मनुष्य की भांति
तुम्हारे प्रकाशमय विश्व की
        कुछ अग्नि-रेखाएं
ऐसे ही सौ सौ आभासों में
भोर वेला की नीरवता में
देखा है मैंने तुम्हारा शिल्पचित्र
        तीन सौ मीलों पर से ।
सोमनाथ के सूर्यद्रोही जंगल में
पृथ्वी के गर्भ में पैर रोप कर खड़े विराट वृक्ष पर
        अपराजेय कुल्हाड़ी मारने वाले तुम–
सर्जन डॉक्टरों के सभागृह में
पर्वत के शिखर की तरह खड़ा रह कर
'मेरी देह में कोढ़ का द्रव छोड़ो'

कह कर चुनौती देने वाले तुम–
श्वापदों के समूह में शेर का स्वर बनने वाले
सर्पों के प्रान्तर में गरुड़ का घर बनाने वाले
दावानल के सामने घनघोर वर्षा होने वाले
दुख के सामने केवल विशुद्ध मनुष्य बनने वाले
दुबली दया की कीचड़ से
मनुष्यता को खींच बाहर निकालने वाले तुम–
पृथ्वी के व्यापारों में ईश्वर का हाथ
मनुष्यों तक पहुंचाने वाले तुम–
अरे, हम हैं ऐसे दरिद्र
कि हमारी बस्तियों में फहरती हैं पताकाएं
सिर्फ़ मंत्रियों के आने पर–
सुनहरी अम्मारी वाले ऐरावत
जब रास्ते पर डोलने लगते हैं
तब हमारे लाचार हिसाबी हाथ
जुड़ आते हैं सीने पर–
हमारे गले के कोमल गंधार
चढ़ते हैं निषाद की तीव्र पट्टी पर
उनकी जयकार करने के लिए
और तुम्हारे जैसे संत
ऐहिक प्रपंच के ईश्वरीय अंश के पहरुवे
निकल जाते हैं गश्त करते हुए
अंधेरे में,
उद्ध्वस्त मन के मुहल्ले से
आंसुओं की दलदल से
दुख से उधेड़ी दुनिया पर
अमृत का सिंचन करती हुई
और
दो शतक बीतने पर

खोजने लगते हैं हम मरुभूमि पर
तुम्हारे चरणचिह्न,
दो शतक बीतने पर
हम बनते हैं मशालची और करतालधारी
तुम्हारी मख़मली पालकियों के
तुम्हारी मृत मान्यताओं के,
दो शतक बीतने पर
हम होते हैं मतवाले सूरमा सिपाही
रक्षा करने के लिए
मिट्टी में मिले तुम्हारे शव की ।
हे महामानव,
हम देंगे तुम्हें
सिर्फ़ फ़ुर्सत के समय का नमस्कार
एकाध गुच्छ
एकाध हार–
तीस पैरों पर रेंगनेवाले कैलेंडर का
एकाध शनिवार, ख़ाली रविवार,
लेकिन फिर भी–
उन्हीं में से एक साक्षात्कारी क्षण में
हमें ज्ञात होता है–
आज समूचा विश्व खड़ा है
क्रांति के द्वार पर
पुराना गिरता है
नया गठित होता है
काल के स्मशान से उठी प्रेत सेना
ज़मीन पर ठोंकती अपनी जटाओं को
रोती है ।
लहूसनी हो कर
मिट्टी से उठ रहे हैं गर्जना करते हुए

लाख लाख प्रचंड आकार
इस्पात के कारख़ाने से
जलते राक्षसी शहतीरों की तरह
        लाल लाल
कुछ तोड़ने के लिए
कुछ जोड़ने के लिए।

इस ऐतिहासिक हो-हल्ले में
सनातन और अजेय है
वह केवल तुम जैसे व्यक्ति की
हाथ उठाकर काल के किनारे से दौड़ने वाली
संघर्षशील मनुष्यता।

'तुम्ही जाता तुमच्या गावा
अमुचा राम राम ध्यावा'
तुम जाते हो अपने गांव
लेना हमारा राम राम
        ऐ यात्री,
बिखरे शरीरों का
मसली हुई आत्माओं का जत्था ले कर
तुम अपने रास्ते से जाओ
        पीछे मुड़ कर मत देखो
जो हिसाब तुमने कभी किया नहीं था
        उसे इसके बाद भी न करना कभी
तुम्हारा साथ नहीं दे सकेंगे हम कभी
हमारे दीवानख़ाने के दीपों का प्रकाश तुम्हारी रात पर
        कभी नहीं पड़ेगा
तुम्हारी अलौकिक वेदना के लिए हम नहीं रोएंगे
हमारे जयघोषों की भीड़ में भी
        तुम रहोगे अकेले
दक्षिण ध्रुव की बर्फ़ की तरह

बिलकुल अकेले,
लेकिन ऐसा ही अकेलापन
मिला था ख्रिस्त को
जिसके हाथ की छाप
मुझे दिख रही है तुम्हारे हाथ पर
ऐसा ही अकेलापन
मिला था बुद्ध को
जिस की प्रज्ञा की किरणें
मुझे दिख रही हैं तुम्हारे रास्ते पर
यही तुम्हारी सोहबत
और यही तुम्हारी सुरक्षा...
'...जेथे जाशी तेथे—तो तुझा सांगाती
चालवील हाती—धरोनिया'
जहां जाओ वहां/वह तुम्हारे साथ
चलाएगा हाथ/धरे हाथ

मैं

सृष्टि की सृजनशक्ति का
मैं हूं एक
विशिष्ट उन्मेष,
जो पहले कभी घटित नहीं हुआ था
सृष्टि के प्रारंभ तक
और पुनः कभी नहीं घटित होगा
सृष्टि के अंत तक
ऐसा एक ख़ास मैं !
मेरा एक निजी आकाश होता है, माताजी,
जिस में ऊगते हैं चंद्र, सूर्य, तारे
वे भी मेरे ही निजी, माताजी ;
मेरी एक निजी पृथ्वी होती है
जिस पर विचरता रहता है
मेरा अस्तित्व
अकेला माताजी, निपट अकेला ;
तुम लोगों को मैं दिखता हूं न, माताजी,
वह मैं नहीं ही होता–
और वैसा भी नहीं होता, माताजी,
तुम्हें जो दिखती हैं वे सिर्फ़ होती हैं
मेरे रूप का अनुवाद करने वाली
रंगीन चिंदियों की गुड़ियां
जो बनायी हुई होती हैं आप ही ने, माताजी,

अपनी समझ से
और अपनी सुविधा के लिए ।
सारांश माताजी,
मनुष्य हम तक पहुंचता है
सो एक संबंध से,
लेकिन संबंधों के उन टुकड़ों से
वह कितना बड़ा विराट होता है,
खिड़की की कांच से
धूप का टुकड़ा हमारे कमरे में गिरता है, माताजी,
लेकिन टुकड़ा ही, माताजी,
सूर्य नहीं
हज़ारों धूप टुकडे गिर जायें तो भी
आकाश की वह ज्वलंत घटना
अजानी ही रहती है
हमारे एहसासों के लिए

(आनंद नाटक से)

याचक

ऐसा याचक
उसके हाथ का कटोरा
भरता ही नहीं था किसी चीज़ से ;

राजाओं ने डाले
सिंहासन
कुबेरों ने डाले
स्वर्ण के भंडार
फिर भी वह रिक्त ।

पंडितों ने शब्द डाले
पुरोहितों ने धर्म डाले
साधुओं ने सत्व डाले
वीरों ने कर्म डाले
फिर भी वह रिक्त ।
फिर याचक आया
एक भिखारिन के द्वार के पास,
जहां वह खुले स्तन से
पिला रही थी
अपने बच्चे को ।

याचक बोला–
माताजी, भीख डालो,
भिखारिन ने बच्चे को अलग किया

और स्तन पर उफन आयी
दूध की दो बूंदें
उसके कटोरे में डाल दीं,
कटोरा भर गया
लबालब
अथाह समुद्र की तरह ।

अब वह याचक
दाता बन कर
उस दूध की बूंदें बांट रहा है
पृथ्वी पर, सबको ।
इसी लिए
इतना सब होने के बावजूद
होते होते भी
मनुष्य की जात
अभी भी जीवन्त है ।

तब तक

इतिहास ऐसा कि,
सामान्यों की राजधानी की ओर जाने वाले सारे रास्ते
असामान्यों के राजमहलों के पास ही पहुंचते हैं ;
और होते हैं निरर्थक
रक्ताश्रुओं से भीगे हुए वे लंबे लंबे रास्ते
'मूर्ख द्वारा बतायी गयी वाहियात कहानी की भांति ।'
लेकिन दिलासा यही कि
असामान्य असामान्य नहीं ही होते ;
असामान्य होती हैं राजमहलों की इमारतें
उनके शानदार बख़्तरबंद दरवाज़े
उनकी अजस्र मज़बूत पत्थरी दीवारें
जो बांधी हुई होती हैं
सामान्यों के द्वारा ही ।
और एक दिन ऐसा भी उगता है
कि जब यह सारा बांधकाम
सामान्य कर सकते हैं जड़ सहित उद्ध्वस्त ।
यह भी एक नया इतिहास ही
आख़िरी मुक़ाम पर सामान्यों को उपलब्ध ।
लेकिन तब तक...

आश्चर्य

वह आदिवासी बुढ़िया
प्राणांतिक भय से छटपटाती
पहाड़ के कगार के पास गयी
और चिपक कर खड़ी रही
छिपकली की तरह, पत्थर से ।
नंग-धड़ंग
हज़ारों झुर्रियों की त्वचा में ठूंसी हुई
हड्डियों की जीर्णाकृति
मैं क्षण-भर के लिए बना आदिवासी
और उसकी ओर देखा,
अहो आश्चर्य
उसके एक थन की गठरी से
लटक रहा था हमारा पार्लियामेंट
और दूसरी गठरी से लटक रहा था
हमारा साहित्य सम्मेलन ।

नक्षत्रो

नक्षत्रो,
तुमने भी
मुझे अपार प्रेम दिया
लाखों प्रकाशवर्षों के अंतर पर
भ्रमण करने वाले
तुम्हारे विश्वात्मक ज्वालाओं के
अगम्य विस्तार
रजनीगंधा के प्रकाशित गुच्छों की तरह
इस आस्मान में प्रकट हुए,
मेरे ही लिए।
किसी मैदान पर लेट कर
मेरे जीवन का धागा
मैं तुम्हारे अस्तित्व के साथ
बांधता रहा
तब—
गृहस्थी का समूचा वात्सल्य
तुम्हारी दृष्टि में खिल गया;
मेरी मनःस्थिति के
समूचे अस्वस्थ किनारे,
उदासीनता के उद्वेग के,
दर्शन के तत्वशोध के
कभी देह से द्रवित होने वाली

शबल वासना के,
कभी मन में प्रज्ज्वलित होने वाली
धूमिल साधना के–
हौले से अलग कर के
जैसे मां सोये बालक के सिर पर से बाल
दूर करती है,
तुम्हीं ने मुझे उठाया
सहस्र प्रकाशहस्तों से
अपने उरसे लगाया
और कहा–
जीना याने प्रेम करना
केवल प्रेम करना,
फिर वह जीना तुम्हारा हो,
या हमारा हो
या तुम्हें–हमें निर्मित करने वाली
उस परात्पर शक्ति का–
परमात्मा का हो ।

मेरा राजहंस

(मराठी के ख्यातनाम कवि एवं नाटककार स्व. राम गणेश गडकरी की प्रख्यात कविता है–'राजहंस माझा निणला' : यह एक शोक गीति है जो मृत बालक को देखकर माता करुणापूरित भाव में संबोधित करती है–बालक को सोया मान कर । यह कविता मराठी में प्रख्यात है । प्रस्तुत कविता उसी को आधार बनाकर आज के जीवन का भयावह यथार्थ व्यक्त कर रही है । उस कविता के संदर्भ में इस कविता का व्यंग्य अधिक खुलता है–अनु.)

वर्षा से लबालब भरे गढ़े में
झोपड़पट्टी का एक नन्हा बच्चा
बह गया–डूब गया–
डूबने दो
बच्चा डूबा सो मंत्रालय
पंच तारांकित ताजमहल
या ब्रेबॉर्न स्टेडियम
तो डूबा नहीं–

और ऐसे झोपड़पट्टी के
गंदे भद्दे
नंगधड़ंग
बच्चे का
कुल मूल्य भी कितना है ?
सूक्ष्म गणित में गति होगी किसी की

तो निकाला जा सकता है मूल्य
रुपयों पैसों में भी
उत्तर आएगा इसका पैसे में ही

यह विचार हमारा ही है
सो नहीं
उसकी मां का भी वही होगा
क्योंकि बच्चे को गोद में ले कर
जब वह चीख़ रही थी
कर्कश्य,
बस्ती पर एक ख़बर आ धमकी
उसी समय
करुणामय बादल की भांति ।
ख़बर :
नुक्कड़ पर गुदामबाला व्यापारी
सड़े अनाज के बोरे
ऊंडेलता जा रहा है घूरे पर
महिला ने अपनी अधूरी चीख़ को रोका
रोका, अपने गले में ही,
बच्चे का कलेवर डाल दिया नीचे
और घर की थैलियां इकट्ठा कर
वह बेतहाशा दौड़ने लगी
घूरे की ओर प्रयाण करनेवाली यात्रा में
शामिल होने के लिए

ठीक ही तो है–
सूक्ष्म गणित से देखा जाय
तो बहुत बहुत अधिक था
सड़े हुए अनाज का मूल्य ।

कलोजस

जब वह वी.टी. पर होता है
तब कोई भी नहीं होता,
अस्तित्व की टहनी पर लटकने वाला
कुचड़े मुचड़े मांस की
ऊबी उदास अस्थियों की,
एक ठठरी पसीने से तर-बतर
भीड़ का रेला ले कर शरीर पर
बहता जाता है निर्जीव
कुर्ला की तरफ़,
नाली के पानी में कीड़े की तरह
व्यक्तित्वहीन।
लेकिन
कुर्ला की सिंगल खोली में आ कर
चटाई पर, मचिया पर मर कर
जब वह पुनः उठ बैठता है
सांझ के झुटपुटे में
दीयों के प्रकाश में
तब वह हुआ होता है
एक प्रचंड कलोजस
पिता
भाई
पति...

जल रहे चूल्हे का स्वामी
छत से टंगे दीये का
पहरुआ,
अस्तित्व के अठारह लगाम
संभालने वाला,
अठारह सुवर्ण के अश्वों की पीठ पर
चाबुक मारता हुआ
अपनी ग्रहमाला के परिवार को
जीवन के अंतराल में
ठाठ से ले चलाने वाला
साक्षात् सूर्यनारायण !

गर्भगृह

दर्शन करने आये हैं ?
आइए–
लेकिन इस देवालय में
फ़िलहाल देवता नहीं है ।
गर्भग्रह है, चांदी की झाँकी है,
सोने के दीप हैं,
हीरों की झालर है–
उनके भी दर्शन करने में
हर्ज नहीं ।
बजाइए वह घंटा
और ऐसे यहां आइए–
देखा वह ख़ाली गर्भगृह ?
नहीं—वैसे कुछ नहीं–
एक बार थे वह वहां ।
प्रातः आरती के समय जगते थे
संध्या आरती के समय सोते थे
द्वार बंद कर
ठीक बारह बजे भोग करते थे,
दो घंटे सोया करते थे
सब कुछ ठीक चल रहा था ।
रुपयों की राशियां
माणिक मोतियों के ढेर

गिरते थे पैरों तले,
दक्षिण द्वार के पास
कारों के भोंपू बजते थे,
मंत्र जागर होता था,
रेशमी साड़ियां, टेरीन के सूट
सामने मुड़ जाते थे,
बैंक के हिसाब हिरन गति से
कुलांचें भरते थे,
सब कुछ घटित होता था
जैसा होना चाहिए था।
लेकिन एक दिन-हमारा दुर्भाग्य–
उत्तर दरवाज़े के पास रोका हुआ
कोई एक दरिद्र कोढ़ी
तारस्वर में चिल्लाया–
"बाप्पाजी, बाहर आइए!"
और प्रातः आरती के समय
देखते हैं हम
कि गर्भगृह ख़ाली है।
पुलिस में वर्दी
हमने दी ही है,
वापस ? शायद आएंगे भी–
लेकिन कोढ़ियों की बस्ती में
वह रहा होगा
तो उसे पुनः
प्रवेश दिया जाय अथवा नहीं,
इसका विचार करना पड़ेगा
हमारे ट्रस्टियों को।
जयपुर से पत्राचार चल रहा है
दूसरी मूर्तियों के लिए

लेकिन फ़िलहाल
गर्भगृह के दर्शन कीजिएगा,
वैसे देखा जाय तो
गर्भगृह का महत्व ही आख़िरी होता है ।
गर्भगृह सलामत
        तो देवता पचास ।

बूँद

महासागर का चरित्र
मुझे मालूम है
मुझे मालूम है उसकी महत्ता भी,
लेकिन मैं रहता हूं
फूल की पंखुड़ी पर
अवकाश से उतरे हुए
ओस की–
एक छोटी-सी बूंद में ;
मुझे मालूम है यह भी
कि दुनिया की सभी बूंदों पर
अंतिम सत्ता है
महासागर की,
और फिर भी मेरी प्रतिबद्धता
पृथ्वी को घेरने वाले
उस सीमाहीन महत् तत्त्व से नहीं,
वह है–
मेरे ही अस्तित्व से ओतप्रोत
स्फटिक की इस बूंद के प्रति ;
क्योंकि–मेरी प्रतिबद्धता
ज्ञान की नहीं
वह है सिर्फ़ प्रेम की ।

आख़िरी कमाई

मध्य रात्रि के बाद
शहर के पांच बुत
एक चबूतरे पर बैठे
और आंसू ढालने लगे ।
ज्योतिबा बोले,
आख़िर मैं हुआ
केवल मालियों का ।
शिवाजी राजा बोले,
मैं सिर्फ़ मरहठों का ।
अंबेडकर बोले,
मैं सिर्फ़ बौद्धों का ।
तिलक बोले,
मैं तो सिर्फ़
चित्पावन ब्राह्मणों का ।
गांधीजी ने भर आये गले
को साफ़ करते हुए कहा,
फिर भी आप हैं भाग्यवान
एक एक जात तो कम से कम
है आप के पीछे
मेरी पीठ के पीछे
केवल शासकीय कचहरियों की दीवारें !

इसी मिट्टी से

यहां गाड़ा गया है
परमेश्वर
जो था मध्याधार
        सभी धर्मों का
विविध रूप एवं नाम
धारण करने वाला,
मनौती क़बूल करने वाला
पाप पुण्य बेचने वाला
दस व्यक्तियों को संत
लेकिन लाखों को शैतान बनाने वाला,
पृथ्वी के गहरे हरे
        उन्मेष पर
मनुष्य का रक्त उंडेलने वाला,
दुर्बलों का दुश्मन
और सबलों का दास ।
लेकिन इसी
भूमि की मिट्टी से
अब उग रहा है
पृथ्वी के गर्भ के सत्त्व की
साक्ष्य देने वाला
एक आलोकप्राण अंजीरी अंकुर
नये ईश्वरत्व का

जिसका पर्यायी नाम
नास्तिकता भी हो सकता है ।

आशा

आस्मान
बादलों से सघन रुंधा हुआ,
निराशय निरुद्देश्य
अस्तित्व में जमा हुआ
समस्त चराचर
अचेतन भावहीन
शून्यावस्था में जमा-सा
पंछी भी घबराये-से
कोटरों में छिपे हुए ।
सूर्य की ज्वालाएं पराभूत
अभ्रों के पीछे छिपी हुईं
तूफ़ान के तांडव
पहाड़ों में मूर्च्छित
न स्वर न गुहार
न गीत न नाद
आकाश धरा का
समूचा प्राणतत्त्व ही
बुझा बुझा
जीवन के
इस सर्वस्पर्शी पराजय में
आशा
आह्वान

है एक ही-एकमेव–
झाड़झंखाड़ में कुलांचे भरने वाली
वह राजवर्खी पंखों की
एक अकेली
तितली।

फूल

इस भयावह
सीमाहीन
अंधियारे के अपार पर
खिला हुआ है
एक सुंदर फूल
–और एक ही:
प्रेम का
वह नहीं होता तो
हर पल उगने वाला
डूबने वाला
यह सूर्य भी
हुआ होता
एक अंधार-पुत्र
अर्थशून्य
काल का
विश्वात्म प्रवाह
बहता रहता
बिना किनारे के,
और देवालय में
रूपवान बना हुआ देवता भी
भ्रमण करता रहा होता
अपनी ही निर्मिति में

अनुच्चारित
शब्द की तरह ।

मुक्त

पिंजरा तोड़ कर
मुक्त हुआ वह पंछी
—ज़ख़्मी पंखों के ख़ून से
हरी भूमि पर
लाल सर्पिल रेखा खींचता हुआ
उड़ रहा है
अपने घोंसले की ओर,
शायद
अपनी मृत्यु की ओर भी ।
लेकिन—
उसके पास करुणा से देखने वाला
सारा आकाश भी
नहीं छीन सकता
रक्तसना
उसका आनंद......अभिमान.....
पिंजरे को तोड़ने का ।

हम सब

वैसे हम सभी हैं
दुष्यंत
कालिदास की सम्मति के बिना
कुंज में छिप कर
ऋषि-कन्याओं के मधुरालाप सुनने वाले,
भौंरों के सामने छाती तान कर
ख़ूबसूरत पराक्रम दिखाने वाले
और मानसिक ज़नानख़ाने की
सैंकड़ों रानियों के समुदाय को
दूर हटाकर,
वल्कल में न अटने वाले
कण्वकन्या के खिलते उरोजों का,
अनाघ्रात यौवन का,
लिजलिजी नज़र से
उपभोग करने वाले ।

वैसे हम सभी हैं
दुष्यन्त
कालिदास की सम्मति के बिना
किसी की स्फटिक भावना पर
चमड़ी की अभिलाषाओं के
लाल महल बांधने वाले,

और किसी को भी न दिखने वाले
तपोवन की पर्णकुटि में
सर्वस्व का दान लेने पर,
सब को दिखने वाली
सुसंस्कृत राजसभा में
अ से ज्ञ तक
सब कुछ
निस्संकोच नकारने वाले ।
और अपना सौभाग्य यह
कि ऋषि-कन्याओं के परित्राण के लिए
अथवा अपने पारिपत्य के लिए
कोई भी मुद्रिका
(कालिदास की सम्मति न होने के कारण)
लाल मत्स्य के पेट से
प्रकट नहीं होती ।

मार्ग

चल रहा हूं सतत मैं यह
        चल रहे को अंत नाहीं
चल रहा हूं मैं कहां, क्यों
        अब ज़रा भी खेद नाहीं ।

जब कभी ऐसा हुआ
        पागल बना मैं खोजने को
लाभ उसमें प्राप्त मुझको
        वेदना से अन्य नाहीं ।

जानकारों विज्ञ लोगों से
        हुई है बात मेरी
शब्दजालों ने दिखाया
        अज्ञता को पार नाहीं ।

जिस जगह पर है रखा
        नक़्शा इसी की योजना का
खंदकों से घिर गयी—सी
        उस जगह को द्वार नाहीं ।
कुछ न समझे कामना यह
        जो अनामिक है उसी की
खोजते, उसकी कृपा का

ना मुझे आधार कोई ।

इसलिए ही छोड़ दी है
खोज मैंने मंज़िलों की
श्रेय चलने का रहा है
अन्य धर्माचार नाहीं ।

विवेकानंद

युगों युगों की जड़ता से जब
जग की राहें थक जाती हैं
गर्भ धार कर शुष्क तृणों के
बंजर बनती ज़मीन माटी
परंपरा का काजल लेपन
करके अपने विमल तेज पर
यात्रा-पथ आलोकित करती
ज्योतें मरतीं

मरता मानव जीवंत रहकर मन भी मरता
जीवन सूखकर नद में केवल रहती द्रवता
सत्व क्षीण हो तारों का जब सब कुछ चुकता
अंध प्रतीतियां, बधिर हुई जो
अवचेतन के तम में फिरतीं
जीवन-धाराएं संस्कृति की
विलीन होतीं भूताच्छादित हरे नदों में
ऐसी घड़ी में

अदृष्ट में से ईश्वरता का
हाथ दयामय आगे बढ़ता
मृत मिट्टी पर सिंचन करने अलौकिक का
पुष्पित करने बाँझपने से नवीन जीवन

जागृत करने नव प्रकाश से भरा हुआ मन
रूप यह ऐसा,
शब्द भी ऐसा
तेज भी ऐसा दे दुनिया को ।

अजनबी

हज़ार आंखों से बहता जल
        मेरी आंखों में जमता है
हज़ार कंठों का पुकारना
        घूम रहा है मेरे मुख में
हज़ार देहस्थिता वेदना
        तन में मेरे भी जलती है
हज़ार हाथों का अभिवादन
        गलता मेरा भी अभिमान
हज़ार मानस गद्गद् होते
        गद्गद् होता मेरा भी मन
ऐसे हज़ार जनों से मेरा
        जुड़ा हुआ है नाता रिश्ता
ऐसी स्थिति है मेरी फिर भी
        रहता हूं मैं सदा अजनबी
दूर हज़ारों से यह मेरा
        बना हुआ है नीड़ विजन में
जिसमें मेरी निजता शामिल
        जो है केवल सीमित मुझ तक ।

तृण की पाती

आश्विन पीकर लहलहती थी
एक तृण की मोहक पाती
मुझसे बोली हिलते-डुलते,
यह जीवन तो कूट बड़ा है !

तम में कल नौ जुगनू आये
यहां जलाकर मशाल अपनी
चार ओर खोजे फिरते
यहां-वहां उस पेड़ के तले ।

—पूछा मैंने उनसे फिर फिर
क्या खोया है यहां आपका
छोड़ा ना पर मौन किसी ने
कारण ज्ञात नहीं था उनको ।

—जग जाते ही प्रातः देखा
वहां क्षितिज पर ननूहा तारा
पहुड़ा था बादल पर टेके
बेचा़रा तंद्रा में बैठा ।

— मैंने उससे कहा कि घर जा
व्रत जागर का क्यों यह नाहक़

वह गुस्से से देखे मुझको
कारण उसको भी न पता था ।

—परे खड़े उस आम्रवृक्ष पर
प्रांतर में आया था पंछी
खोद खोदता रहा गगन पर
चार स्वरों की इक नक़्काशी ।

—मैंने पूछा–तुम पागल–से
गाते किस के लिए गीत ये
पंख खोल उड़ चला अचानक
ज्ञात न था उसको भी कारण

दूर की छोड़ो, मैं अनिवारित
हिलता–डुलता रहा वायु पर
क्यों डुलता मैं, क्यों हँसता मैं
ज्ञात कभी ना हुआ मुझे भी ।

प्रवासी पक्षी

अंधियारे–से
आकाश में से
चल रहे थे
कुछ पक्षी !
सावन गीली
हवा पर थी
सरकती रही
सफ़ेद नक़्क़ाशी ।

मेरा आकाश
मेरा अंधार
इनके अपार
भेदते रहे हैं
जीवन की
हिलती जाग
अजीवों पर
खोदते हैं ।
निःशब्द पर
खेने वाली
सफ़ेद नावें
सफ़ेद पाल
मैं ही नहीं

पृथ्वी सारी
देख रही थी
उनकी ओर

सुना है
यात्रा करते
दिवस रात
हज़ार मील
पहाड़ दर्रे
नदियां सागर
शहर जंगल,
इनके परे
आये हैं
अदृश्य से
जाएंगे वे
अदृश्य में
अनंत के
मौनीबाबा
हँसे थोड़े
अंधेरे में

बिना गीत के
बिना साथ के
अथाह की
गति बाकी
सीने में नाहक़
करुणा भरी
नाहक़ पलक
भीग गयी ।

नज़र

मार्क्स रसल जैसे
सारे निरीश्वरवादी
ठहरते हैं सृष्टि के उद्गम संबंधी
एक क़ायदे के पास।
उदय नहीं, अंत नहीं
रूप नहीं, रंग नहीं
इस पार नहीं, उस पार नहीं
ऐसे पार्थिव क़ायदे के पास
एक स्वयंभू बोधहीन अस्तित्व के पास
मेरा तर्क इससे सहमत है
और फिर भी लगता है
कि इन निरीश्वरवादियों ने
उत्तर रात्रि में उठकर
देखा नहीं कभी भी
तारों से खचाखच भरा
अपार कुहरे से शराबोर आकाश
मेरी नजर से।

तात्पर्य

चोर के भाल पर
वेश्या के स्तन पर
मवाली की कलाई पर
कभी
        मैंने पढ़े हैं शिलालेख
        निथरी महात्मता के
और कभी पढ़े हैं
        सज्जनों के स्मित पर
        साधुसंतों की कफनियों पर
        सचिवों की फाइलों पर
ताज़ा क़लम
        वेश्यावृत्ति के
        मवालीगिरी के
        चोरपन के
तात्पर्यः
संज्ञा स्थिर हो
तो भी प्रवृत्तियां प्रवाही हैं ।

उषा

रतनारे स्तनों का
प्रफुल्ल उद्रेक
विश्वास दिखाती आ।
सुनहरी जाँघों की
मीरास पृथ्वी की
मिट्‌टी में रोपती आ।।

तिमिर विलुप्त
रंगीन सूत्रों के
प्रासाद बांधती आ।
मृत्यु की प्रभुता औ'
जीवन के बोध को
पुनश्च जोड़ती आ।।

पांखी के पंखों में
झरनों के गीतों में
आकाश बोती तू आ।
चेतना चट्टान में
मानवी कला के
कैलास कोरती आ।।

अंधेरी माँदों में
दहों में सूरज का

संदेश सींचती आ ।
रथ की सुवर्ण
धूलि से अनंत
आकाश व्यापती आ ।।

अरूप विश्व में
आ।कार बन्धों की
आराइश सजाती आ ।
सूरज के सामने
अशेष अपना
अस्तित्व उंडेलती आ ।।

संस्कृति

और अंत में
संस्कृति है
शक्ति मेरे मन की
जो असीम है
सीमा उसे देने की
विश्वात्मक ईश्वरता को
मंदिर की..... , मूर्ति की.....
मृत्यु के तीर हीन सागर को
मोक्ष की...., भक्ति की....
प्रेम की......शक्ति की...
यह संस्कृति
तार रही है मुझे
मार भी रही है मुझे।

राजसागर

हिम हंसों के तरल परों की
घन मेघों के स्वप्न सुमों की
नाज़ुक मलमल तनु पर पहनी
घाट चिरे पर
तज हौले से
पूनो उतरी तड़ाग में उस,
और फैलते जललहरों पर
अनावृत सुंदरता की उसकी
शुभ्र कियारी,
दुर्ग पुराना पहाड़ पर स्थित
हुआ विकंपित
भग्न कमानी के अंदर से
आह तूफ़ानी उसकी निकली
गयी धुंधवाती ।

भीड़

जल-प्लावन के राक्षसी प्रवाह की
प्रत्येक बूंद अलग की जाय
तो वह भी घास की पत्ती पर
कभी न कभी थरथरी होगी।

तूफ़ान के भीषण तांडव का
हर रेला अलग किया जाय
तो वह भी गुलाब की पंखुड़ियों में
कभी न कभी रूनझुना होगा।

निर्दय क्रोध से दौड़ने वाली भीड़ के
हर व्यक्ति को अलग किया जाय
तो वह भी करुणा के मृणालबंध में
कभी न कभी बंधा होगा।

तूफ़ान

ऐसी तूफ़ानी बेला में
मेरे राजसी पंखी रे
रहो रखकर आश्रय
धीरता का।

फूटा ऊपर आकाश
चढ़े घन पर घन
उनका घायल गर्जन
गूंजता है।

घूमी बिजली पागल
गिरे शूल जैसी धार
शाखा शाखा से अंधार
लटकता।

पंख परों के महल में
तुम्हारा संजोया जीवन
पुष्प परागों का गान
पंखों पर

काल खगों के बैर का
बह जाने दो नभ में

क्षितिज के नीचे धूप
थमी-थमी ।

सूर्य

सूर्य लाड़ला आया मेरा
चमचम करता किरीट मेरे
विश्व सदन का,
प्रकाशदाता जीवनदाता
चिर साथी वह इस एकाकी
सैलानी का ।

सूर्य सदाशिव आया मेरा
रूपनगर वह रोज़ बाँधता
मेरी ख़ातिर,
युगों युगों की जीवन-रेखा
जीवन से मम जोड़े देता
जगश्रेष्ठि वह ।

रात मुझे जिस ताल त्यागकर
नंगाई से निकल चल पड़ी
            उससे ऊपर
तट पर लाकर
पुनः दिया वह दिगंत मेरा
            मेरी धरती ।

ज्ञात मुझे

ज्ञात मुझे तेरे
संदर्भ स्तनों का
ग्रहतारकों की
विरासत

ग्रहतारकों के
परे पृथ्वी पर
घटे कुछ बात
अजानी–सी

निर्मिति के सिर पै
मनुष्य का मन
विश्व में समान
उसका नाहीं ।

त्वचा पीछे मन
मन रहा भाव
उसका थोड़ा ठांव
खोजता हूं ।

समझ

और एक–
मैं ऐसा समझ रहा था
जीवन की आधार शिलाओं को
        बिखेर देने वाला प्रेम
मैं किसी से
        कभी नहीं कर पाऊंगा,
लेकिन तुम अपना
        अस्थिमय हाथ
मेरे हाथ में दे देती थीं
और मृत्यु की नद बनी हुई
और फिर भी
स्मित का प्राणांतिक प्रयास करने वाली
आंखों से
मेरी ओर देखती रहती थीं,
तब—
वह भी समझ....

धुआँधार

यह तुम्हारी ही करुणा
मुझ पर धुआँधार बरसती है,
किसी के शब्द से
किसी के स्पर्श से
किसी के नेत्र से
आंसुओं से, हिचकी से, स्मित से
व्यक्त से
और अव्यक्त से ;
और तुम्हारी खोज के लिए
थकी मेरी संवेदनाएं
उभार रही हैं
तुम्हारा अंतिम आकाशगामी देवालय
मेरे अस्तित्व पर
झरने वाले
इस दूध की
हर बूंद पर।

विशेषण

हमारी संस्कृति–
आवेशसहित बोला वक्ता,
उदार, न्यायी, नैतिक, सात्विक
इत्यादि....उसकी
विजय हो
सब सभाजन गरज पड़े ।
इतने में एक अनामिक उठा
बोला, विजय
अवश्य हो,
लेकिन इस प्रत्येक विशेषण के नीचे
एक शवागार है
उसे भी हमें खोजना चाहिए ।
उत्तम–सभाजन चिल्लाये,
शवागार की खोज
शव बने बिना नहीं की जा सकती ।
यह खोज हम
तुम्हीं पर सौंपते हैं ।
सभाजनों ने उस अनामिक का
शव में रूपांतर किया
और उदार, न्यायी इत्यादि
विशेषणों की चिता पर
उसे जला दिया ।

डोली

भोर के तारों के कंधों पर बैठ कर
आती है एक डोली
मेरे द्वार पर,
केशर किरणों के पर्दे के पीछे
जिस में बैठा होगा
एक कोयल गीत।

स्वायत्त

तुम्हारे संतप्त शब्दों का स्पर्श
तुम्हारे ओंठों ने नकारा
और तटस्थ स्वायत्तता से
वे थरथराते रहे
मेरे ओंठों की ओर
        छलांग भरने के लिए।

सीमा

यह अंतस्थ संघर्ष
सहस्रों सीमाओं का–
हर सीमा टक्कर लेती हुई
मुझे रोकती है
और आख़िर राह भी देती है
अगली सीमा तक जाने के लिए।
सभी सीमाओं पर मात करते हुए
मैं आख़िर आ धमकता हूं
एक निःसीम
वैश्विक शून्य के अंतराल में
जहां मेरे अस्तित्त्व का
आशय और आकार भी
घुल जाता है;
फिर मैं भयानक अकेला, निरालम्ब
और भयभीत
पराजित शर्मिंदा हो कर
पुनः दौड़ता हुआ जाता हूं पीछे
मेरी परिचित मिट्टी की
उन सहस्रों सीमाओं की ओर
उनके संघर्षों की ओर।

सोऊँगा माताजी

सोऊँगा माताजी,
इस बिस्तर पर सोऊँगा
और उस बिस्तर पर भी सोऊँगा ।
उस बिस्तर पर सोऊँगा, माताजी,
तब वह होगा आप के हिसाब से
सिर्फ़ एक लाल स्याही की रेखा
केस पेपर के नीचे अंकित–
यहाँ दवाई समाप्त ।
नगर पालिका के दफ़्तर में
एक टीप–
एक मतदाता समाप्त ।
...एक ग्राहक समाप्त
एक दोस्त समाप्त
एक बाबा समाप्त, एक दादा समाप्त
एक यह समाप्त और एक वह समाप्त ।
एक मनुष्य समाप्त
एक आकाश समाप्त
एक पृथ्वी समाप्त
यह किसी को नहीं महसूस होता
और यही दुनिया की
ताक़त है, माताजी,
मनुष्य मिट जायं तो भी

संबंध चिरंतन होते हैं ।
इसलिए हम
क़ब्रगाह पर वृक्षों के फूल अर्पित करते हैं
अपने मन नहीं अर्पित करते ।
जीना सार्वभौम होने के कारण
मरना शर्मिंदा हो कर
रेंगता है कुछ काल तक
नागफनी के बीच घूमने वाले
ज़ख़्मी नाग की तरह,
सिर्फ़—
माली की दूकान में
ग्रंथालय की अलमारी में
जयंती पुण्यतिथि की जमुहाइयों में,
और कदाचित्
कदाचित् ही, माताजी,
करोड़ों मनुष्यों में
किसी पगले प्राणप्यारे की
स्मृति में—

(आनंद नाटक से)

वह

दीवानख़ाने में बैठकर
यार दोस्तों की महफ़िल में
मैं जब नकारता हूँ तुम्हारा अस्तित्व
तब आकाश का एक दरवाज़ा
अधखुला कर
तुम देखते हो मेरी ओर कौतुक से
कौतूहल से भी,
और सब के निकल जाने के बाद
तारे के धुंधले प्रकाश में
तुम उतरते हो मेरे एकांत में
और सामने की कुर्सी पर बैठकर
कहते हो—अभिनंदन
तुम्हारा विवेचन अच्छा ही था
इतना कि मुझे भी शंका हुई
मेरे अस्तित्व की—
लेकिन फिर भी मुझे मालूम है
मुझे मानने वालों में
        तुम अग्रणी हो
सिर्फ़ तुम्हारा दीवानखाना
तुम्हारे हृदय से
        बहुत दूर है, बस ।

हर अनुवादक द्वारा अनूदित कविताओं का विवरण (अनुवादक के नाम के सामने दिये गये अंक 'कविताओं' के 'अनुक्रम' हैं।)

डॉ. चंद्रकांत बांदिवडेकर	: १५, १७, २५, २७, २८, ३०, ३१, ३५, ३८, ४६, ४७, ४८, ५०, ५१, ५२, ५३, ५४, ५५, ५६, ५७, ५८, ५९, ६०, ६१, ६२, ६३, ६४, ६५, ६६, ७२, ७३, ७४, ७५, ७६, ७७, ७८, ७९, ८०
डॉ. चंद्रकांत बांदिवडेकर और प्रो. शंकर वैद्य	: ३, ४, ५, ८, १०, ११, १४, १८, २०, २२, २३, २४, २९, ३६, ४४, ६७, ६८, ६९, ७०, ७१

इसके अतिरिक्त निम्नलिखित कविताओं के अनुवाद में भी प्रो. शंकर वैद्य का सहभाग है : १३, २१, ३३

प्रो. वसंत देव	१, २, ६, ७, ९, १२, १९, २६ और ४९
प्रो. विजया वावदे	: ३२, ३३, ३४, ३७, ३९, ४०, ४१, ४२, ४३ और ४५
प्रो. लीला बांदिवडेकर	: १३, १६, २१, ८१, ८२, ८३, ८४, ८५, ८६, ८७ और ८८